註解 東國選歌

著 邊承九

저자 소개

邊 承 九
목원대학교 대학원 국어국문학과 박사
목원대학교 인문대학 국어국문학과 교수

論著
『시조』(장서각본)의 수록작품과 변이 양상(2011)
조선시대 왕족시조의 정서 표출양상(2013)
무인시조의 실체와 정서 표출 양상(2016)외 다수

著書
『시조의 수용 미학』(2016)
『고전시가의 미학 연구』(2016)
『원리로 배우는 생활 속의 漢字』(2016)
『고전문학과 바다』(공저, 2015)
『東國歌辭』(2011)

주해 동국선가

인 쇄 : 2017년 6월 16일 초판 1쇄
발 행 : 2017년 6월 20일 초판 1쇄

저 자 : 변승구
발행인 : 우명찬, 송준
발행처 : 홍릉과학출판사

서울시 강북구 인수봉로 50길 10
• 전화 : 02-999-2274~5 • 팩스 : 02-905-6729
• http://www.hongpub.co.kr
• e-mail: hongpub@hongpub.co.kr

ISBN : 979-11-5600-528-5
정가 12,000원

파본이나 잘못된 책은 교환하여 드립니다.

註解 東國選歌

著 邊承九

책머리에

시조는 다른 시가문학과 달리 지금까지도 가장 폭넓은 향유층과 연구층을 확보하고 있는 국민문학 중의 하나이다. 시조에 대한 본격적인 연구가 시작된 이래 수많은 작품의 발굴과 연구업적이 축적되어 왔다. 이는 시조에 내재되어 있는 미적 정서가 현대를 살아가는 우리의 정서와 아직까지도 상통하고 있음을 의미한다.

이러한 성과에도 불구하고 시조의 연구에 있어서 가장 큰 어려움은 무엇보다도 개별 가집에 대한 원전 자료의 갈증이라고 할 수 있다. 물론 선학들의 그간의 노고로 고시조를 총망라한 자료집들이 여러 편 발간되기는 하였으나 자료의 한계를 보인다. 따라서 개별 가집에 대한 원전 자료를 통한 미시적 연구가 필요한 시점에 이르렀다. 또한 시조를 올바로 이해하기 위해서는 개별 가집에 대한 원전 연구 및 작자 표기 그리고 곡조 배열 등의 면밀한 검토가 뒤따라야 한다.

그동안 개별 가집에 대한 작업이 진행되지 않은 것은 아니다. 하지만 대부분 3대 가집인 『靑丘永言』·『海東歌謠』·『歌曲源流』 등에 집중되었다. 그러나 고시조는 이 가집들 외에도 3대 가집의 이본을 비롯하여 많은 가집들이 있음에도 불구하고 소홀히 다루어지는 감이 없지 않다. 특히 군소 가집에 대한 원전 작업은 전무하다고 해도 과언이 아니다. 다행스러운 것은 최근에 이러한 군소 가집에 대한 관심을 갖고 있는 연구자들을 통해 주해집이나 영인된 필사본이 출간되는 것은 시조를 연구하는 한 사람으로서 무척이나 고무적인 현상이라 할 수 있다.

필자도 이러한 작업에 동참하기 위하여 『東國歌辭』를 출간한 바 있다. 비록 많은 부분에서 미흡한 점이 많았으나 소홀이 다루어지고 있는 군소 가집을 '주해집'으로 출간하여 논의의 선상에 올려 놓았다는 점에 의미를 둘 수 있다. 이러한 연장선상에서 다음 작업으로 『東歌選』을 출간하게 되었다. 이 가집은 작품 수나 체제면에서 『東國歌辭』에 비하여 부족함이 없지 않으나 그 나름의 자료적 가치가 있다고 판단된다. 한편 이 가집에 대해서는 심재완의 「時調의 文獻的 硏究」(1972)에서 소략하게 언급되었을 뿐 『東國歌辭』와 마찬가지로 지속적인 논의가 이루어지지 못 했다. 이는 가집의 확보가 용이하지 않기 때문이라 할 수 있다.

심재완은 『東歌選』에 대하여 編者 編纂年代 未詳의 時調集으로 東國歌曲을 選抄한 것으로 해당 작품은 有名氏作品이 142首, 無名氏作品이 93首로 도합 235首이며 가집의 특색으로는 작품의 끝에 遣意, 嘆, 忠, 懷古, 隱逸, 思, 問答, 慨, 述, 老, 咏, 意, 孝, 弄, 豪, 壯, 帝, 景, 昇, 興比, 春, 酒, 問(問答?), 別, 橫, 樂, 時調, 蔓橫 등의 용어로 그 內容題를 표시하고 있으며 일반 가집이 作者別 혹은 曲調別로 분류한 것이 많은데 비해 『東歌選』은 作者別, 曲調別을 고려하면서 內容別로 표시하고 있어 『古今歌曲』 등과 같이 특색 있는 편찬을 하고 있다고 하였다. 또한 작자표기 중 白景炫의 生沒을 통해 대략 編纂年代가 純祖朝로 推定하고 있다. 한편 『東歌選』에만 실려 전하는 작품은 총 10수로 이는 자료적 가치와 특색을 보여 주는 것이라 할 수 있다.

군소 가집을 책으로 출간한다는 것이 좀처럼 쉬운 일이 아님을 새삼 실감한다. 특히 작품의 원전을 확보하는 일에서부터 책을 출간하는데 필요한 재정적인 문제까지 어느 것 하나 만만한 것이 없었다. 그럼에도 불구하고 실리를 떠나 흔쾌히 출간을 맡아 주신 홍릉과학출판사에 감사드리며 이러한 동력을 얻어 앞으로도 군소 가집에 지속적인 관심으로 갖고자 한다.

2017. 6.

목원 동산에서 저자 씀.

일러두기

1. 이 자료집은 國立圖書館 所藏本의 筆寫本을 대본으로 하였다.

2. 원전의 작자 표기는 歌番 앞에 달아 작자와 작품을 비교하여 볼 수 있도록 하였다.

3. 주해는 해당 작품의 아래에 달아 원문 이해에 도움을 주고자 하였으며, 주로 한자 어휘에 집중하여 풀이하였다. 그 외에도 현대어와 큰 차이를 보이는 고어나 난해어도 주해를 달았다.

4. 출전은 해당 작품이 他歌集에 수록되어 있는 가집과 수록 번호 그리고 작자를 기록하였다. 이를 통해 他歌集과의 비교를 통해 작품을 이해하고 연구하는데 용이하게 하였다. 또한 원문에 대한 주해나 이본의 작품을 찾아 볼 수 있도록 심재완의 『歷代時調全書』와 박을수의 『韓國時調大事典』을 歌番과 함께 달아 놓았다.

5. 원전의 작품이 누락되었거나 결자가 있는 경우는 [缺]이라 표기하였고 필사자가 필사 후 수정한 것은 수정된 내용으로 입력하였다.

6. 원문은 줄글의 형태로 띄어쓰기가 되어 있지 않았으나 내용의 이해를 위해 『歷代時調全書』와 『韓國時調大事典』을 참조하여 필자가 임으로 띄어쓰기를 하였다.

7. 각주는 일부 박을수의 『韓國時調大事典』과 박용식·황충기의 『古時調註解事典』을 참조하였다.
8. 기타 편집 체제는 선행 연구자의 관례를 따랐다.

● 歌集의 略名

時調集名	略名	時調集名	略名
珍本 青丘永言	青珍	舊皇室本 歌曲源流	源皇
六堂本 青丘永言	青六	海東樂章	海樂
瓶窩歌曲集	瓶歌	가람본 歌曲源流	源가
一石本 海東歌謠	海一	一石本 歌曲源流	源一
朴氏本 海東歌謠	海朴	東洋文庫本 歌曲源流	源東
周氏本 海東歌謠	海周	協律大成	協律
青邱歌謠	青謠	花源樂譜	花樂
서울대본 樂府	樂서	東洋文庫本 女唱歌謠錄	女謠
古今歌曲	古今	李氏本 詩餘	詩餘
가람본 青丘永言	青가	東洋文庫本 歌謠	歌謠
가람본 青丘詠言	青詠	詩歌謠曲	詩謠
東國歌辭	東國	大東風雅	大東
槿花樂府	槿樂	시철가	시철가
淵民本 青丘永言	青淵	時調演義	時演
洪氏本 青丘永言	青洪	朴氏本 詩歌	詩歌
陶南本 東歌選	東歌	서울대 樂府	樂서
南薰太平歌	南太	詩調	詩調
調 및 詞	調詞	서울사대본 歌曲寶鑑	歌鑑
永言類抄	永類	關西本 時調	時調
興比賦	興比	孤山遺稿	孤遺
池氏本 時調	時調	松江歌辭 星州本	松星
國樂院本 歌曲源流	源國	松江歌辭 李選本	松李
奎章閣本 歌曲源流	源奎	松江歌辭 關西本	松關
河合本 歌曲源流	源河	松江歌辭 別集	松別
六堂本 歌曲源流	源六	校本 歷代時調全書	時全
佛蘭西本 歌曲源流	源佛	韓國時調大事典	時大
朴氏本 歌曲源流	源朴		

東國選歌

東歌選

【平調】

宮聲 碓深和平 黃鍾一動萬物皆春 評日 月到天心處風來水 面時一般淸意味 聊得 少人知

【羽調】

羽聲 淸壯疎暢 玉斗撞坡碎屑鏘鳴 平曰 項羽躍馬 雄劍腰鳴 大江以西 攻無堅城 詩曰 雪淨胡天牧馬還 月明羌笛戍樓間 俗問梅花何處居, 風吹一夜滿關山.

【界面調】

商聲 哀怨激烈 忠魂沈江餘音滿楚 評曰 令威去國 千年始歸 累累塚前 物是人非 詩曰 洞庭西望楚江分 水盡南天不見雲 日落長沙秋色遠 不知何處吊湘君

【中大葉】

初曰行雲流水二曰 灘流水高低三日難流徘徊行遠有一唱三歎之味

【北殿】

俗稱 後庭花 高山方石 低仰回互 有變風之態

【數大葉】

皇風樂 宛轉流鶯 有軒擧之意

初中大葉

此曲 依倣中華音律而 或曰 中華葉未知然否

金光煜 字 晦而 號 竹 光海時判書

1

黃河水 몱다터니 聖人이 나서도다

草野群賢이 다 니러나단 말가

어즈버 太平時節이 오날인가 ᄒᆞ노라.(遣意)

註) 黃河水 몱다트니=황하수가 맑더니. 나서도다=나시도다. 艸野群賢=초야에 묻혀 지내는 여러 현인. 니러나단=일어났다는. 太平時節=아주 좋은 때.

『甁歌』 4, 金光煜/ 『青珍』 159, 竹所金光煜/ 『海一』 155, 金光煜/ 『海周』 160, 金光煜/ 『詩歌』 2, ×/ 『樂서』 1, ×/ 『青洪』 1(168), ×, 金光煜/ 『青가』 151, 竹所金光煜/ 『青詠』 1, ×/ 『東國』 2, 金光煜字晦而號竹所光海時判書/ 『古今』 75, ×/ 『槿樂』 93, ×/ 『青六』 143, 金光煜/『歌寶』 2, ×/ 『永類』 1, ×/ 『興比』 1, ×/ 『東歌』 1, 金光煜字晦而號竹所光海時判書/ 『源國』 1, 鄭忠信字可行錦南君/ 『源奎』 1, 鄭忠信字可行錦南君/ 『源河』 1, 鄭忠信字可行錦南君/ 『/ 『源六』』 1, 鄭忠信字可行錦南君/ 『源佛』 1, 鄭忠信字可行錦南君/ 『源朴』 1, 鄭夢周 錦南君/ 『源皇』 1, 錦南君鄭南周/ 『海樂』 1, 鄭忠信錦南君/ 『源가』 1, 鄭忠信字可行 / 『源一』 1, 鄭忠信字可行錦南君/ 『源東』 1, 鄭忠信字可行錦南君/ 『協律』 1, 鄭忠信字可行錦南君/ 『花樂』 1, 鄭忠信/ 『大東』 2, 鄭忠信字晦而號竹所參贊文貞公仁祖反正後作/ 『時全』 3303. 『時大』 4691.

鄭忠信 字 可臣 號 錦南 仁祖朝 副元帥

2

空山이 寂寞흔듸 슬피 우는 져 杜鵑아

蜀國興亡이 어졔 오날 안이여날

至今에 피나게 우러 남의 익를 긋느니.(嘆)

註解) 空山=빈 산. 蜀國興亡=촉국의 흥하고 망함. 촉나라는 중국의 삼국시대 때 유비가 세운 나라로 위나라에게 멸망을 당함. 어졔 오놀=어제와 오늘. 안이여날=아니거든. 至今에=지금에. 익를=애간장을. 긋느니=끊는가.

『甁歌』 3, 鄭忠信/『靑珍』 392, ×/『海一』 417, ×/『詩歌』 328, ×/『樂서』 2, ×/『靑洪』 2, ×/『靑가』 421, ×/『靑詠』 2, 『東國』 1, 鄭忠信字可信號錦南仁祖朝 副元帥/『古今』 186, ×/『槿樂』 216, ×/『靑淵』 1, ×/『靑六』 1, ×/『歌譜』 1, ×/『永類』 153, ×/『興比』 2, ×/『東歌』 2, 鄭忠信字可信號錦南仁祖朝副元帥/『源國』 2(666(1)), 鄭忠信, 鄭忠信字可行錦南君/『源奎』 2(665(1)), 鄭忠信字可行錦南君, ×/『源河』 658(2), ×, 鄭忠信/『源六』 2(627(1), 鄭忠信字可行錦南君, ×/『源佛』 2(632(1)), 鄭夢周 錦南君, ×/『源朴』 2(538(1)), 錦南君 鄭夢周, ×/『源皇』 2(523(1), 錦南君 鄭夢周, ×/『海樂』 (2(659)), 鄭忠信, ×/『源가』 2(316(1)), 鄭忠信, ×/『源一』 2, 鄭忠信字可行錦南君/『源東』 2, 鄭忠信/『協律』 3(643(1)), 鄭忠信, 鄭忠信/『花樂』 2, 鄭忠信/『女謠』 1, ×/『南太』 74, ×/『歌謠』 44, ×/『大東』 22, ×/『시철가』 16, ×/『三家樂府』 ×/『時全』 263. 『時大』 96

二中大葉

鄭夢周 字 達可 號 圃隱 高麗恭讓王時門下侍郎

3

이 몸이 죽어 죽어 一百番 고쳐 죽어

白骨이 塵土 되여 넉시라도 잇고 업고

님 向혼 一片丹心이야 가싈 줄이 이시랴.(忠)

註解) 죽어 죽어=죽고 죽어. 一百番=수백번. 塵土=띠끌과 흙. 넉=넋. 가싈 줄=변할 줄.

『瓶歌』 52, 鄭夢周/『青珍』 8, 圃隱鄭夢周/『海一』 16, 鄭夢周/『海周』 16, 鄭夢周/『詩歌』 24, 鄭夢周/『樂서』 18, 鄭夢周/『青洪』 21, 鄭夢周字達下號圃隱/『青가』 8, 圃隱麗末/『青詠』 26, 圃隱鄭夢周字達下 高麗侍中/『古今』 36, ×/『槿樂』 43, 鄭圃隱歌答太宗宴/『青淵』 173, 鄭圃隱/『青六』 40, 鄭夢周/『永類』 2, ×/『興比』 93, ×/『源國』 123, 鄭夢周/『源奎』 123, 鄭夢周/『源河』 113, 鄭夢周/『源六』 118, 鄭夢周/『源佛』 118, 鄭夢周/『源朴』 117, 鄭夢周/『源皇』 115, 鄭夢周/『海樂』 119, 鄭夢周/『源가』 81, 鄭夢周/『源一』 121, 鄭夢周/『源東』 117, 鄭夢周/『協律』 116, 鄭夢周/『花樂』 118, 鄭夢周/『大東』 74, 鄭夢周/『時全』 2325, /『時大』 3274

4

碧海 渴流後에 모릐 모혀 셤이 되여

無情芳草는 히마다 푸르럿다

엇지타 우리 王孫은 歸不歸을 ᄒᆞᄂᆞᆫ이.(懷古)

註解) 碧海 渴流後=푸른 바다가 다 흐른 뒤에. 모릐 모혀=모래가 모여. 셤=섬(島.) 王孫은 歸不歸=왕손은 가고 돌아오지 않음.

『瓶歌』 8, ×/ 『詩歌』 5, ×/ 『樂서』 4, ×/ 『靑洪』 3, ×/ 『靑가』 319, ×/ 『靑詠』 6, ×/ 『東國』 4, 鄭夢周字達可號圃隱高麗恭讓王侍門下侍中本朝贈領太宗歌試其意作此歌/ 『槿樂』 237, ×/ 『靑淵』 7, 曺南溟/ 『靑六』 7, ×/ 『歌寶』 4, ×/ 『興比』 6, ×/ 『東歌』 4, 鄭夢周/ 『源國』 8(677(2)), 具容字大叟號竹窓綾洲人宣祖朝登弟官至縣監, ×/ 『源奎』 8(666(2)), 具容, ×/ 『源河』 8(659), 具容字大叟號竹窓 綾洲人宣祖朝登弟官至縣監, ×/ 『源六』 8(628(2)), 具容字大叟號竹窓宣廟登弟官至縣監, ×/ 『源佛』 8(633(2)), 具容字大叟號竹窓綾洲人宣祖朝登弟官至縣監, ×/ 『源朴』 8(539(2)), ×/ 『源皇』 8(524(2)), ×/ 『海樂』 8(660(2)), 具容字大叟號竹窓綾洲人宣祖朝登弟官至縣監, ×/ 『源가』 8(317(2)), 具容字大叟宣廟朝縣監, ×/ 『源一』 8, 具容字大叟宣廟朝登弟官至縣監/ 『源東』 8, 具容字大叟號竹窓綾洲人宣祖朝登弟官至縣監/ 『協律』 8(644(2)), 具容字大叟號竹窓, ×/ 『花樂』 8, 具容竹窓/ 『女謠』 2, ×/ 『南太』 91, ×/ 『詩餘』 76, ×/ 『歌謠』 76, ×/ 『大東』 1, 鄭夢周字達可號圃隱高麗侍中文忠公/ 『三歌樂府』 鄭夢周圃隱/ 『時全』 1244. 『時大』 1777

曺植 字 健中 號 南溟 中廟朝尙瑞判官不仕

5

三冬에 뵈옷 입고 巖穴에 눈비 마자
구름 씐 볏 뉘을 뙨 적이 업건마는
西山에 힉지다 ᄒᆞ니 눈물 계워 ᄒᆞ노라.

註解) 三冬=한 겨울. 뵈옷 닙고=베옷 입고. 巖穴=바위 굴. 마자=맞아. 씐=낀. 볏=햇살. 뙨 적이=쬔 적이. 힉지다 ᄒᆞ니=해가 진다 하니.

『甁歌』13, 曹植/『靑珍』91, 松川梁應鼎/『海一』35, 曹植字楗仲 號南溟以遺逸累拜終不就/『海周』36, 曹植/『詩歌』9(51), ×, 曹植中宗朝/『靑洪』4(61), ×, 曹植/『靑가』94, 松川梁應鼎明宗朝登弟 官至府尹/『靑詠』8 梁應鼎/『東國』5, 曺植字建中號南溟中廟朝尙瑞ロ/『古今』45, ×/『槿樂』55, ×/『靑淵』9, 曺南溟/『靑六』3, 曹植/『歌寶』7, ×/『興比』3, ×/『東歌』5, 曹植字健仲號南溟中廟朝尙瑞判官不仕/『源國』5, 曹植字達仲號南溟昌寧人中宗朝隱居求志高仕拜官不/『源奎』5, 曹植字達仲號南溟昌寧人中宗朝隱居求志高仕拜官不/『源河』5, 曹植字達仲號南溟昌寧人中宗朝隱居求志高仕拜官不/『源六』5, 曹植字達仲號南溟昌寧人中宗朝隱居求志高仕拜官不/『源佛』5, 曹植字達仲號南溟中宗隱居宣廟朝贈領相謚文貞公/『源朴』5, 曹植字達仲號南溟昌寧人中宗朝隱居求志高仕拜官不/『源皇』5, 曹植字達仲號南溟昌寧人中宗朝隱居求志高仕拜官不/『海樂』5, 曹植字達仲號南溟昌寧人中宗朝隱居求志高仕拜官不/『源가』5, 曹植字仲達宣祖朝贈領相/『源一』5, 曹植字達仲號南溟昌寧人中宗朝隱居求志高仕拜官不/『源東』5, 曹植字達仲號南溟昌寧人中宗朝隱居求志高仕拜官不/『協律』5, 曺南溟名植字達仲文貞公/『花樂』5, 曹植南溟/『時全』1478/『時大』2106

6

淸凉山 六六峯을 아ᄂᆞ이 나와 白鷗

白鷗야 헌ᄉᆞᄒᆞ랴 못 미들슨 桃花로다

桃花야 ᄯᅥ가지 마라 舟子 알가 ᄒᆞ노라.(隱逸)

註解) 淸凉山 六六峯=경북 안동 才山縣 서쪽에 있는 산. 六六峯은 열두 봉우리의 뜻. 아ᄂᆞ이=아는 이. 헌ᄉᆞᄒᆞ랴=야단스러우랴. 못 미들슨=못 믿을 것은.

『甁歌』 16, 李滉/『靑珍』 312, 無名氏/『詩歌』 421, ×/『樂서』 295, ×/『靑洪』 264, ×/『靑가』 328, ×/『靑詠』 342, ×/『東國』 211, ×/『古今』 125, ×/『槿樂』 144, ×/『靑淵』 246, ×/『靑六』 8, ×/『歌寶』 8, ×/『永類』 122, ×/『東歌』 6, 曹植/『源國』 9, 李滉字景浩號退溪/『源奎』 9, 李滉/『源河』 9, 李滉退溪先生/『源六』 9, ×/『源佛』 9, ×/『源朴』 9, 李滉字景浩號退溪/『源皇』 9, 李滉字景浩號退溪/『海樂』 9, 李滉號退溪眞寶人登第湖堂文衡官至贊成居陶山精舍謚文純公配享宣廟又配文廟/『源가』 9, 李滉退溪/『源一』 9(740), 李滉, 退溪/『源東』 9, ×/『協律』 9, 李滉/『花樂』 9, 李退溪/『大東』 62, 趙寅字明仲號江湖光海時薦徵不起/『時全』 2844/『時大』 4000

北殿

7
누은들 잠이 오며 기드린들 님이 오랴
이졔 누어신들 어서 님하 아으리
찰하로 안잔 곳에 긴 밤이나 새오리라.(思)

註解) 기드린들=기다린들. 안잔=앉은.

『甁歌』 18, ×/『海一』 4, ×/『海周』 4, ×/『詩歌』 11, ×/『樂서』 7, ×/『靑洪』 5, ×/『靑가』 389, ×/『靑詠』 11, ×/『古今』 250, ×/『槿樂』 270, ×/『靑淵』 101, ×/『靑六』 9, ×/『興比』 197, ×/『東歌』 7, ×/『源國』 10, ×/『源奎』 10, ×/『源河』 10, ×/『源六』 10, ×/『源佛』 10, ×/『源朴』 10, ×/『源皇』 10, ×/『協律』 10, ×/『花樂』 10, ×/『女謠』 3, ×/『南太』 134, ×/『時全』 670 /『時大』 942

初數大葉

金尙憲 號 淸陰 孝廟朝 左相

8

南八아 男兒死耳언뎡 不可以不義屈이어다

웃고 대답ᄒᆞ되 公이 有言敢不死아 千載에 有淚英雄이 멋멋 줄을 지우니

千古에 눈물 진 英雄은 우리 둘 ᄲᅮᆫ인가 ᄒᆞ노라.(問答)

註解) 南八=당나라의 南霽雲. 형제의 排行이 第八이었으므로 이름함. 안녹산의 난에 휴양성이 함락되자 張巡이 남팔에게 「南八南兒死耳不可爲不義屈」이라고 격려하여 끝내 적에 굴하지 않았다는 고사에서 절개 있는 사람을 일컬음. 不可以不義屈矣=불의에 굴복해서는 안 됨. 有言敢不死=공께서 말씀하시니 감히 죽지 아니하랴. 멋멋=몇몇.

『甁歌』 26, 金尙憲/ 『靑珍』 425, ×/ 『海一』 125, 金尙憲字叔度號 淸陰宣廟朝登第丁丑立節仁祖朝左右相/ 『海周』 127, 金尙憲/ 『詩歌』 154, 金尙憲字叔度號淸陰安東人宣祖朝登第選湖堂典文衡官至左相贈謚文正公丁丑赴瀋六年還朝貞忠/ 『樂서』 42, 號淸陰金尙憲/ 『靑洪』 155, 金尙憲字叔度號淸陰孝廟朝相/ 『靑가』 509, ×/ 『靑詠』 449, 淸陰/ 『東國』 13, ×/ 『靑淵』 132, 淸陰先生/ 『靑六』 14, 金尙憲/ 『歌寶』 16, ×/ 『東歌』 8, 金尙憲號淸陰孝廟朝左相/ 『源國』 14, 金尙憲 號淸陰安東人官至領相/ 『源奎』 13, 金尙憲號淸陰安東人官至領相/ 『源河』 14, 金尙憲號淸陰安東人官至領相/ 『源六』 17, 金尙憲號淸陰 領相/ 『源佛』 17, 金尙憲號淸陰領相/ 『源朴』 14, 金尙憲/ 『源皇』 14, 金尙憲號淸陰安東人官至領相/ 『海樂』 14, 金尙憲號淸陰安東人 官至領相/ 『源가』, 金尙憲/ 『源一』, 金尙憲號淸陰/ 『源東』, 金尙憲號淸陰領相/ 『協律』 14, 金淸陰/ 『花樂』 14, ×/ 『時全』 542/ 『時大』 749

9
어져 내일이야 글일 줄을 모로던가
이시라 ᄒᆞ더면 가랴만는 졔 구ᄐᆞ여
보내고 그리는 졍을 나도 몰라 ᄒᆞ노라.(思)

註解) 어져=아, 감탄사. 글일 줄을=그리워할 줄을. 이시라 ᄒᆞ더면=있으라 붙들었더면. 가랴만는=갔을까마는. 구ᄐᆞ여=구태여.

『瓶歌』 25, 眞伊/『靑珍』 6, ×/『海一』 6, ×/『海周』 6, ×/『詩歌』 3, ×/『樂서』 9, ×/『靑洪』 7, ×/『靑가』 6, ×/『靑詠』 13, ×/『東國』 10, 淸陰/『靑淵』 5, ×/『靑六』 16, 眞伊/『歌寶』 9, ×/『永類』 5, ×/『興比』 10, ×/『東歌』 9, 金尙憲/『源國』 19(700(35)), 眞伊, ×/『源奎』 19(699(35)), 眞伊字名妓松都名妓, ×/『源河』 19(692), 眞伊, ×/『源六』 16(659(33)), 名妓眞伊, 眞伊/『源佛』 16(664(33)), 名妓眞伊, 眞伊호明月高麗名妓徐花潭時人/『源朴』 19(568(31)), 眞伊松都古名妓, ×/『源皇』 18(553(31)), 黃眞伊 松都古名妓, ×/『海樂』 18(695(37)), 眞伊松都古名妓, ×/『源가』 18(338(23)), 黃眞伊, ×/『源一』 19, 眞伊松都名妓/『源東』 16, 眞伊/『協律』 19(675(33)), 眞伊松京名妓, 松都名妓黃眞伊/『花樂』 17, 眞伊/『女謠』 34, ×/『歌謠』 82, ×/『詩謠』 14, ×/『時全』 1965/『時大』 2792

10

天皇氏 지으신 집을 堯舜에 와 洒掃터니

漢唐宋 風雨에 기우런지 오러거다

우리는 聖主 뫼옵고 重修홀가 ᄒᆞ노라.(忠)

註解) 天皇氏=天皇氏는 중국 上古時代 三皇의 우두머리. 堯舜=中國 고대 聖君인 堯임금과 舜임금. 洒掃=물을 뿌리고 비로 쓺. 漢唐宋=한나라·당나라·송나라. 風雨=비바람. 기우런지=기울어진지. 오러거다=오래도다.

『瓶歌』 29, 金尙憲/『海一』 428, ×/『詩歌』 529, ×/『樂서』 11, ×/『靑가』 513, ×/『靑詠』 15, ×/『東國』 6, 淸陰/『靑淵』 4, ×/『靑六』 11, ×/『歌寶』 10, ×/『興比』 7, ×/『東歌』 10, 金憲/『源國』 12, ×/『源奎』 12, ×/『源河』 12, ×/『源六』 12, ×/『源佛』 12, ×/『源朴』 12, ×/『源皇』 12, ×/『海樂』 12, ×/『源가』 12, ×/『源一』 12, ×/『源東』 12, ×/『協律』 12, ×/『花樂』 12, ×/『大東』 39, 金尙憲字叔度號淸陰左議政文正公/『時全』 2821/『時大』 3972

眞伊

11

冬至둘 기누긴 밤을 한 허리을 둘에너여

春風 니불 아릐 서리서리 너허다가

어룬님 오신 늘 밤에 구뷔구뷔 펴리라.(思)

註解) 둘에너여=베어 내어. 春風=봄바람. 니불 아릐=이불 아래. 너허다가=넣었다가. 어룬님=어른님. 사랑하는 님.

『青珍』287, 黃眞/『瓶歌』24, 眞伊/『海一』131, 眞伊/『海周』133, 眞伊/『詩歌』281, 眞伊/『樂서』10, ×/『青洪』242, ×/『青가』293, 眞伊/『青詠』14, 名技眞伊/『東國』7, 眞伊/『槿樂』379, ×/『青淵』6, 前朝妓珍伊/『青六』15, 眞伊/『歌寶』11, ×/『永類』99, ×/『興比』8, ×/『東歌』11, 眞伊/『源國』18(676(11)), 眞伊字明月松都名妓, ×/『源奎』18(675(11)), 眞伊字明月松都名妓, ×/『源河』18(668), 眞伊松都名妓, ×/『源六』15(636(10), 名妓眞伊/『源佛』15(641(10)), 名妓眞伊/『源朴』19(548(11), 眞伊松都名妓, ×/『源皇』19(533(11)), 黃眞伊 松都古名妓, ×/『海樂』19(669(11)), 眞伊, ×/『源가』17(324(9)), 黃眞伊, ×/『源一』18, 眞伊松都名妓/『源東』14, 眞伊松都名妓/『協律』18(653(11)), 眞伊松都名妓, ×/『花樂』16, 眞伊/『女謠』11, ×/『詩謠』2, ×/『大東』40, 金尙憲/『三歌樂府』×/『時全』894/『時大』1286

二數大葉

太宗大王 御製

12

이런들 엇더ᄒᆞ며 져러들 엇더ᄒᆞ며

萬壽山 들렁츩이 얼거진들 엇더ᄒᆞ리

우리도 이 ᄀᆞ치 얼거져 百年ᄭᆞ지 누리이라.(帝)

註解) 萬壽山=개성 서문 밖에 있는 산. 고려의 칠릉이 있음. 충청도 江陰, 延豊에도 있음. 만수를 비는 뜻에서 나열된 것임. 져러들=저러한들. 엇더ᄒᆞ리=어떠하리. 들엉츩=드렁칡. 얼거진들=얽혀진다. 이 ᄀᆞ치=이와 같이.

『瓶歌』797, 太宗御製/『靑珍』216, 太宗/『海一』7, ×/『海周』7, 列聖御製太宗/『詩歌』13, 太宗大王太宗說宴邀致鄭夢周至酒闌太宗把盃作歌以觀夢周列聖御製/『樂서』12, 御製太宗大王/『靑洪』22, 太宗大王/『靑詠』18, 太宗御製/『東國』302, 太宗大王御製/『槿樂』94, 太宗知圃隱有害意請宴作此歌而和不從/『靑六』17, 太宗大王御製/『歌寶』44, ×/『興比』92, 太宗大王/『東歌』12, 太宗大王御製/『源國』443, 太宗大王高麗時欲與鄭夢周合意成功邀宴於縣竹橋作此歌以見其所向矣夢周對以一片丹心之歌應之太宗使趙英奎逐夢周/『源奎』443, 太宗大王高麗時欲與鄭夢周合意成功邀宴於縣竹橋作此歌以見其所向矣夢周對以一片丹心之歌應之太宗使趙英奎逐夢周/『源河』437, 太祖大王高麗時欲與鄭夢周合意成作此歌以見其所向夢周對以一片丹心之曲和之不應太宗大王使趙英奎逐殺之善竹橋上云興致/『源六』423, 太宗大王仕高麗時欲與鄭夢周合意成功作此歌/『源佛』425, 太宗大王仕高麗時欲與鄭夢周合意成功作此歌/『源朴』429, ×/『源皇』426, ×/『海樂』433, 太宗大王仕高麗時欲夢周合意成功作此歌以見其所向夢周對以一片丹心之歌和之不應太宗使趙英奎逐殺夢周成事/『源一』429, 太宗大王與鄭夢周作此歌/『源東』437, 太宗大王仕高麗時欲與鄭夢周合議成功作此歌以見其所向夢周對以一片丹心歌和之不應太宗使趙英奎逐殺夢周成事/『協律』427, 太宗大王/『花樂』452, 太宗仕高麗時/『時全』2291/『時大』3236

孝宗大王 御製

13

淸江에 비 듯는 소릐 긔 무어시 우읍관딕
萬山紅綠이 휘드르며 웃는고나
두어라 春風이 몃날이리 우을쩍로 우어라.

註解) 비 듯는 소릐=비가 떨어지는 소리. 우읍관딕=우습기에. 萬山紅綠=온 산에 가득한 꽃과 풀.

『甁歌』 35, 孝宗/『海一』 9, ×/『海周』 9, 孝宗/『詩歌』 16, 孝宗大王列聖御製/『樂서』 14, 孝宗大王/『靑洪』 24, 孝宗大王/『靑詠』 19, 孝宗御製/『東國』 121, 孝宗大王御製/『古今』 113, ×/『槿樂』 129, ×/『靑淵』 54, 孝廟朝/『靑六』 19, 孝宗大王/『歌寶』 63, ×/『永類』 134, ×/『興比』 57, 孝宗大王/『東歌』 13, 孝宗大王御製/『源國』 67, 孝宗大王/『源奎』 67, 孝宗大王御製/『源河』 64, 孝宗大王御製/『源六』 67, 孝宗大王御製/『源佛』 67, 孝宗大王御製/『源朴』 63, 孝宗大王御製/『源皇』 63, 孝宗大王御製/『海樂』 65, 孝宗大王御製/『源가』 45, 孝宗御製/『源一』 66, 孝宗御製/『源東』 68, 孝宗大王/『協律』 62, 孝宗大王/『花樂』 65, 孝宗大王/『詩謠』 75, ×/『時全』 2831/『時大』 3984

14

靑石嶺 지나거다 草河溝 어듸메오
胡風도 참도 찰사 구즌비ᄂᆞᆫ 무ᄉᆞ 일고
뉘라셔 내 行色 그려 내여 님 계신ᄃᆡ 드리올고.

註解) 靑石嶺·草河淸＝평북 의주 근방에 있는 두 지명. 지나거다＝지났느냐. 어듸메오＝어디쯤이오. 胡風＝북풍. 차도 찰샤＝차기도 차구나. 무숨 일고＝무슨 일인가. 行色＝길 떠나려고 차린 모양새. 그려내여＝그려 내여.

『甁歌』 23, 孝廟御製/『靑珍』 217, 孝宗/『海一』 10, ×/『海周』 10, 孝宗/『詩歌』 22, 昭顯世子/『靑洪』 25, 孝宗大王/『靑詠』 17, 孝宗/『東國』 92, 孝宗大王御製/『古今』 44, ×/『槿樂』 54, ×/『靑淵』 53, 孝廟朝/『靑六』 20, 孝宗大王/『歌寶』 13, ×/『永類』 82, ×/『興比』 36, 효종ᄃᆡ왕/『時調』 22, ×/『東歌』 14, 孝宗大王御製/『源國』 167, 孝宗大王丙子胡亂淸兵陷江都執之以去中途戀之不能忘作此歌/『源奎』 167, 孝宗大王丙子胡亂淸兵陷江都執之以去中途戀之不能忘作此歌/『源河』 150, 孝宗大王丙子胡亂淸兵臨江都執之以去中道戀之不能忘作此歌以上漏落此歌故言之/『源六』 160, 孝宗大王丙子胡亂淸兵陷江都執之而去中途戀而不能忘作此歌/『源佛』 160, 孝宗大王丙子胡亂淸兵陷江都執之而以去中途戀而不能忘作此歌/『源朴』 158, ×/『源皇』 156, ×/『海樂』 161, 孝宗大王丙子胡亂淸兵陷欠之而去中途戀戀不能忘故作此上落漏故言之/『源가』 108, 孝宗大王/『源一』 163, 孝宗大王/『源東』 158, 孝宗大王御製/『協律』 157, 孝宗大王被執泩瀋陽途中作以上落漏此歌/『花樂』 160, 孝宗大王/『南太』 37, ×/『詩謠』 83, 죠션국ᄉᆞᆷ학ᄉᆞ연힝시쇼쟉/『大東』 63, 孝宗御製 燕行時/『時全』 2875/『時大』 4041

肅宗大王

15

秋水ᄂᆞᆫ 天一色이오 龍舸ᄂᆞᆫ 泛中流라
簫鼓 一聲에 解萬古之愁兮로다
우리도 萬民 ᄃᆞ리고 同樂太平 ᄒᆞ리라.

註解) 秋水ᄂᆞᆫ 天一色=가을 맑은 물은 하늘과 한 빛으로 푸름. 龍舸=용을 새긴 배. 簫鼓 一聲=한 가락 퉁소와 북 치는 소리. 泛中流=강 한가운데를 떠감. 解萬古之愁兮=만고에 쌓인 근심을 풂. 同樂太平=함께 태평세월을 즐김.

『瓶歌』 39, 肅廟御製/『青珍』 220, 肅宗/『海一』 14, ×/『海周』 14, 肅宗/『詩歌』 20, 肅宗大王/『樂서』 16, 肅宗大王/『青洪』 29, 肅宗大王/『青詠』 24, 肅宗御製/『東國』 186, 肅宗朝 御製/『青六』 23, 肅宗大王/『歌寶』 64, ×/『東歌』 15, 肅宗大王御製/『源國』 183, 肅宗大王御製/『源奎』 183, 肅宗大王御製/『源河』 170, ×/『源六』 174, 肅宗大王/『源佛』 174, 肅宗大王/『源朴』 173, 肅宗大王/『源皇』 171, 肅宗大王御製/『海樂』 177, 肅宗大王/『源가』 118, 肅宗魚梯/『源一』 179, 肅宗御製/『源東』 172, 肅宗大王/『協律』 172, 肅宗大王/『花樂』 180, 肅宗大王/『詩謠』78, ×/『大東』 69, 肅宗御製/『時全』 2971/『時大』 4186

吉再 號 冶隱

16

五百年 都邑地을 匹馬로 도라드니

山川은 依舊ᄒᆞ되 人傑은 간 듸 업다

어즈버 太平烟月이 꿈이런가 ᄒᆞ노라.(忠)

註解) 五百年 都邑地=고려가 오백년을 도읍했던 개성. 匹馬=한 필의 말. 依舊=예날과 같이 변함이 없음. 太平烟月=태평한 세월.

『甁歌』 54, / 『靑珍』 364, / 『海一』 404, / 『詩歌』 323, / 『樂서』 358, / 『靑洪』 19, / 『靑가』 383, / 『靑詠』 28, / 『古今』 92, / 『靑六』 41, / 『永類』 31, / 『興比』 322, / 『東歌』 16, / 『源國』 310, / 『源奎』 310, / 『源河』 305, / 『源六』 276, / 『源佛』 278, / 『源朴』 296, / 『源皇』 293, / 『海樂』 298, / 『源一』 302, / 『源東』 303, / 『協律』 296, / 『花樂』 317, / 『時全』 2079, / 『時大』 2945

李穡 字 頻叔 號 牧隱元朝翰林恭愍王時門下侍中本朝封韓山伯

17

白雪이 ᄌᆞ자진 골에 구룸이 머흘러라

반가온 梅花ᄂᆞᆫ 어내 곳ᄃᆡ 픠엿ᄂᆞᆫ고

夕陽에 호을 노셔이서 갈 ᄭᅩᆺ 몰나 ᄒᆞ노라.(忠)

註解) ᄌᆞ자진=자욱한. 골의=골짜기. 구룸=구름. 머흘러라=험악하다. 어내=어느. 곳ᄃᆡ=곳에. 픠엿ᄂᆞᆫ고=피었는고.

『瓶歌』 51, 李穡/『青珍』 7, 牧隱李穡字穎叔號牧隱登第元朝授翰林知製誥恭愍朝門下侍中文章佼術爲搢紳領袖入本朝封韓山伯謚文靖/『海一』 15, 李穡字穎叔號牧隱恭愍朝門下侍中入本朝封於韓山伯/『海周』 15, 李穡 /『詩歌』 23, 李穡字穎叔號牧隱韓山伯贈領相謚文靖公高麗名賢文章/『樂서』 17, 李穡字永叔號牧隱恭愍朝門下侍中我朝封韓山伯/『青가』 7, 麗末牧隱/『青詠』 25, 牧隱李穡字穎叔元朝翰林高麗侍中/『東國』 76(117), ×, 李穡字穎叔元朝翰林恭愍王時門下侍中本朝封韓山伯/『青淵』 11, 牛溪先生/『青六』 39, 李穡號牧隱字穎叔韓山人高麗門下侍中元朝翰林本朝封韓山伯右相謚文靖穀子/『歌寶』 34, ×/『興比』 65, ×/『東歌』 17, 李穡字穎叔號牧隱元朝翰林恭愍王時門下侍中本朝封韓山伯/『源國』 114, 李穡字穎叔號牧隱麗朝人入我朝/『源奎』 114, 李穡/『源河』 103, 李穡/『源六』 117, 李穡李穡字穎叔號牧隱麗朝人入我朝, 李穡字穎叔號牧隱麗朝人入我朝/『源佛』 117, 李穡李穡字穎叔號牧隱麗朝人入我朝, 李穡字穎叔號牧隱/『源朴』 107, 李穡字穎叔號牧隱, 李穡/『源皇』 106, 李穡字穎叔號牧隱麗朝人入我朝, 李穡字穎叔號牧隱/『海樂』 110, 李穡字穎叔號牧隱麗朝人入我朝, 李穡字穎叔號牧隱/『源가』 75, ×/『源一』 112, 李穡麗朝人入我朝, 李穡/『源東』 111, 李穡字穎叔號牧隱麗朝人入我朝, 李穡字穎叔號牧隱/『協律』 106, 李穡號牧隱麗朝侍中李穡號牧隱, 李穡號牧隱/『花樂』 108, 李穡, 李穡/『時全』 1195/『時大』 1709

元天錫號谷耘居雉岳山下養親太宗大王微時嘗受學及登極後召之不赴上親幸其家亦不得見招其婢給食物而還

18

興亡이 有數ᄒᆞ니 滿月臺도 秋草로다

五百年 王業이 牧笛의 부쳐시니

夕陽에 지ᄂᆞᆫ 客이 눈믈 계워 ᄒᆞ노라.(懷古)

註解) 興亡이 有數ᄒᆞ니=흥하고 망함이 運數에 매어 있으니. 滿月臺=고려 때의 궁터. 五百年 王業=고려 오백년간의 왕업. 牧笛=목동들의 피리 소리. 눈믈 겨워=눈물을 참지 못해.

『瓶歌』 515, 元天錫/『青珍』 363, ×/『海一』 389, ×/『詩歌』 324, ×/『樂서』 269, ×/『青洪』 18, 元天錫字子正號耘谷進士太宗潛邸時受學/『青가』 382, ×/『青詠』 453, ×/『東國』 262, ×/『古今』 91, ×/『槿樂』 107, ×/『青淵』 134, 松江/『青六』 38, 元天錫號谷耘高麗進士隱居雉岳山下養親太宗大王微時嘗受學及登極後召之不赴上親幸其家亦不得見招其*婢給食物而還/『興比』 317, ×/『東歌』 18, 元天錫號谷耘居雉岳山下養親太宗大王微時嘗受學及登極後召之不赴上親幸其家亦不得見招其*婢給食物而還/『源國』 212, 元天錫字子正號耘谷麗朝人入我朝隱居雉岳山太宗親迎不出/『源奎』 212, 元天錫/『源河』 198, 元天錫字子正號耘谷麗朝人入我朝隱居雉岳山太宗親迎不出/『源六』 196, 元天錫字子正號耘谷麗朝人入我朝隱居雉岳山太宗親迎不出/『源佛』 196, 元天錫字子正麗朝人入我朝隱居雉岳山號耘谷太宗親迎不出/『源朴』 202, 元天錫/『源皇』 200, 元天錫字子正號耘谷麗朝人入我朝隱居雉岳山太宗親迎不出/『海樂』 205, 元天錫字子正號耘谷麗朝人入我朝隱居雉岳山太宗親迎不出/『源一』 208, 元天錫麗朝人太宗親迎不出/『源東』 194, 元天錫/『協律』 201, 元天錫/『花樂』 208, 元天錫/『時全』 3325/『時大』 4723

李存吾號孤山恭愍時右正言 極言辛吨之罪王大怒召存吾責之吨與王並居胡床存吾目吨叱之吨惶駭不覺下床王愈怒貶茂長監務

19

구룸이 無心탄 ᄆᆞ리 아마도 虛浪ᄒᆞ다

中天에 ᄯᅧ 이셔 任意로 ᄃᆞ니면셔

구ᄐᆞ여 光明ᄒᆞᆫ 날빗츨 더퍼 무ᄉᆞᆷ ᄒᆞ리오.(慨)

註解) 虛浪ᄒᆞ다=말과 행동이 허황하고 착실하지 못함. 任意=마음대로. ᄃᆞ니면서=다니면서. 구ᄐᆞ야=구태여. 날빗츨=햇빛을. 덥펴=덮어.

『瓶歌』53, 李存吾/『靑珍』348, ×/『海一』403, ×/『詩歌』319, ×/『樂서』251, 李存吾號孤山/『靑洪』16, 李存吾字順卿號孤山以正言面劾辛吨貶長沙監務憂憤成疾而卒/『靑가』367, ×/『靑詠』164(374), 孤山李存吾/『東國』20, 李存吾號孤山恭愍王時/『古今』76, ×/『槿樂』88, ×/『靑淵』204, 松江/『靑六』37, 李存吾號孤山高麗恭愍王時右正言極言辛吨之罪王大怒召存吾責之時吨與王並據胡床公目吨叱之惶駭不覺下床王愈怒貶茂長監務/『歌譜』26, ×/『永類』159, ×/『興比』55, ×/『東歌』19, 李存吾號孤山恭愍時右正言 極言辛吨之罪王大怒召存吾責之吨與王並居胡床存吾目吨叱之吨惶駭不覺下床王愈怒貶茂長監務/『源國』104, 李存吾字順卿號孤山高麗 時正言/『源奎』104, 李存吾字順卿號孤山高麗時正言/『源河』93, 李存吾字順卿號孤山高麗時正言/『源六』98, 字順卿號孤山高麗正言/『源佛』98, 李存吾字順卿號孤山高麗正言/『源朴』97, ×/『源皇』96, ×/『海樂』100, 李存吾字順卿號孤山高麗時正言/『源가』68, 李存吾/『源一』102, 李存吾高麗時正言/『源東』96, 李存吾字順卿號正言高麗正言/『協律』96, 李存吾高麗泣書/『花樂』98, 李存吾/『時全』293/『時大』414

李兆年高麗忠惠王時爲政堂文學每入見王聞履聲曰兆年來矣整容以俟王縱淫諫官莫敢言獨兆年斥指不諱致仕還鄕

20

梨花에 月白ᄒᆞ고 銀漢이 三更인 제
一枝春心을 子規야 알냐마는
多情도 病인양 ᄒᆞ야 좀 못 드러 ᄒᆞ노라.(忠)

註解) 梨花에 月白ᄒᆞ고=배꽃에 달이 비쳐 더욱 희게 보이고. 銀漢=은하수. 三更=깊은 밤. 一枝春心=한 가지에 어린 봄의 뜻. 子規=두견. 病인양 ᄒᆞ야=병인 듯하여.

『甁歌』 50, 李兆年/『青珍』 365, ×/『海一』 386, ×/『詩歌』 428, ×/『樂서』 356, ×/『青洪』 14, 李兆年星山府院君直諫致仕作比寓意文烈公入朝有大節/『青가』 384, ×/『青詠』 167, 李兆年高麗文學/『東國』 164, ×/『槿樂』 273, ×/『青淵』 48, ×/『青六』 36(919), 李兆年高麗忠惠王時爲政堂文學每入見王聞履聲曰兆年來矣整容而立矣王縱飮諫官莫敢言獨公指斥不諱致仕還鄕, 李兆年/『永類』 173, ×/『興比』 223, ×/『東歌』 20, 李兆年高麗忠惠王時爲政堂文學每入見王聞履聲曰兆年來矣整容以俟王縱淫諫官莫敢言獨兆年斥指不諱致仕還鄕/『源國』 270(737(72)), 李兆年高麗文學或云尹淮字淸卿坡平人太宗朝文壯元典文衡官至兵曹判書贈謚文度公, 李兆年高麗文學/『源奎』 270(736(72)), 李兆年高麗文學/『源河』 268(731), 李兆年高麗文學或云尹淮字淸卿坡平人太宗朝文壯典文衡官兵謚文度, ×/『源六』 251(692(66)), 李兆年高麗文學或云尹淮字淸卿坡平人太宗朝文壯元文衡官至兵判謚文度公, 李兆年/『源佛』 253(697(66)), 李兆年高麗文學或云尹淮字淸卿坡平人太宗朝文壯典文衡官至兵曹判書謚文度公, 李兆年高麗文學/『源朴』 259(607(70)), 李兆年字淸卿坡平人太宗朝兵判, ×/『源皇』 257(593(71)), 李兆年, ×/『海樂』 261(744(86)), 李兆年高麗文學或云尹淮字淸鄕茂松人太宗朝文衡官兵曹判書謚文慶公, 李兆年高麗文學/ 『源가』 144(361(46)), 李兆年, ×/『源一』 264(667), 李兆年高麗文學或云尹淮太宗時文衡, ×/『源東』 265, 李兆年高麗文學或云尹淮坡平人太宗文壯典文衡官至兵曹判書贈謚文度公/『協律』 259(709(67)), 李兆年文度公, 李兆年高麗人/『花樂』 275, 李兆年/『女謠』 69, ×/『詩謠』 32, ×/『大東』 195, ×/『三家樂府』 李兆年前朝/『時全』 2376/『時大』 3346

郭輿高麗睿宗朝棄官隱居號金門羽客

21

五丈原 秋夜月에 어엿불슨 諸葛武候

竭忠輔國다가 將星이 써러지니

至今에 兩表忠言을 못닉 슬허 ᄒᆞ노라.(懷古)

註解) 五丈原=「五丈」은 陝西省 鳳上縣의 서남으로 제갈량이 이곳에서 죽음. 어엿블슨=불쌍한 것은. 諸葛武候=제갈공명을 가리킴. 竭忠報國=충성을 다하여 나라의 은혜에 보답함. 將星=장군의 이칭.

『甁歌』 49, 郭輿/『海一』 426, ×/『詩歌』 489, ×/『樂서』 366, ×/『青洪』 12, 郭輿睿宗時人棄官隱居全州王召之輿以烏巾鶴氅常待左右 時人號爲金門舊客/『東國』 244, ×/『青六』 42, 郭輿高麗人官隱居至睿宗朝召致之以烏巾鶴氅常待左右時人爲之金門舊客/『東歌』 21, 郭輿高麗睿宗朝棄官隱居號金門羽客/『源國』 309, 郭輿高麗睿宗朝棄官隱居號金門羽客/『源奎』 309, 郭輿高麗睿宗朝棄官隱居號金門羽客/『源河』 306, 郭輿高麗睿宗朝棄官隱居號金門羽客/『源六』 277, 郭輿高麗睿宗朝棄官隱居號金門羽客/『源佛』 279, 郭輿高麗睿宗朝棄官隱居號金門羽客/『源朴』 297, 郭輿/『源皇』 294, 郭輿高麗睿宗朝棄官隱居號金門羽客/『海樂』 299, 郭輿/『源가』 162, 郭輿/『源一』 301, 郭輿/『源東』 304, 郭輿高麗睿宗朝棄官隱居號金門羽客/『協律』 297, 郭輿/『花樂』 318, 郭輿/『大東』 71, 郭輿高麗人棄官隱居時人以爲號金門舊客/『時全』 2086/『時大』 2956

乙巴素 高麗處士 隱居 鴨山中 東都劉日安 薦之爲相明政敎 臣賞罰 治國安民
22

越相國 范小伯이 名遂功成 못 훈 前에

五湖烟月이 조흔 쥴 알것마는

西施를 심노라 ᄒᆞ야 느지 도라가니라.(忠)

註解) 越相國 范少伯=춘추시대 越의 재상이었던 范蠡. 名遂功成=명예와 공을 이름. 五湖烟月=오호의 물안개 속에 떠 있는 달로 「五湖」는 范蠡가 오를 멸하고 놀던 호수의 이름. 西施=춘추시대 월의 미녀, 범려의 계략으로 서시를 오왕 부차에게 바쳐 오나라를 멸망하게 하였음. 심노라=싣노라. 느지=늦이. 도라가니라=돌아가니라.

『甁歌』 41, 乙巴素/ 『靑珍』 447, ×/ 『海一』 421, ×/ 『詩歌』 439, ×/ 『樂서』 296, ×/ 『靑洪』 8, 乙巴素隱居鴨錄山中東都晏留薦之拜相國明政敎信賞罰國治民安高句麗故國川王詩人/ 『靑가』 502, ×/ 『東國』 178, 乙巴素高句麗處士 隱居 鴨山中 東都劉日安 薦之爲相明政敎 臣賞罰 治國安民/ 『靑六』 32, 乙巴素高麗處士 隱居 鴨山中 東都劉日安 薦之爲相明政敎 臣賞罰 治國安民/ 『東歌』 22, 乙巴素 高麗處士 隱居 鴨山中 東都劉日安 薦之爲相明政敎 臣賞罰 治國安民/ 『源國』 410, 乙巴素高麗隱士故國川王時相國西鴨綠谷左物村人/ 『源奎』 410, 乙巴素高麗隱士故國川王時相國西鴨綠谷左物村人/ 『源河』 401, 乙巴素高麗隱士故國川王時相國西鴨綠谷左物村人/ 『源六』 395, 乙巴素高麗隱士故國川王時相國西鴨綠谷左物村人/ 『源佛』 397, 乙巴素高麗隱士故國川王時相國西鴨綠谷左物村人/ 『源朴』 396, 乙巴素/ 『源皇』 393, 乙巴素/ 『海樂』 400, 乙巴素高麗隱士故國川王時相國西鴨綠谷左物村人/ 『源一』 399, 乙巴素高麗隱士/ 『源東』 404, 乙巴素高麗隱士故國川王時相國西鴨綠谷左物村人/ 『協律』 395, 乙巴素高句麗故國川王時相/ 『花樂』 418, 乙巴素/ 『時全』 2224/ 『時大』 3136

薛聰 字 德志

23

精一 執中홈은 堯仁과 舜德이오

豁達 大度는 太祖의 餘風이라

中途에 永安 天崩을 못닉 슬허 ᄒᆞ노라.(忠)

註解) 精一=매우 상세하고 순수함. 執中=떳떳한 도리를 잡음. 堯仁과 舜德=요임금의 어짐과 순임금의 덕. 豁達 大度=넓은 도량. 永安 天崩=유비의 죽음을 뜻함.

『瓶歌』 40, 薛聰/『靑詠』170, 薛聰新羅 弘儒侯/『東歌』 23, 薛聰/『時全』 2592, /『時大』 3630

李之蘭初名伊豆蘭女眞人也 我太祖大王征伐屢立功賜姓李氏 封靑海伯

24

楚山에 우는 범과 沛澤에 좀긴 龍이
吐雲生風ᄒᆞ여 氣勢도 壯ᄒᆞᆯ시고
秦나라 외로온 사슴이 갈 곳 몰라 ᄒᆞ더라.(述)

註解) 楚山에 우는 虎=항우를 가리킴. 沛澤에 잠긴 龍=한고조의 유방을 가리킴. 沛澤은 유방의 고향에 있는 큰 연못. 吐雲生風=구름을 토하고 바람을 일으킴. 秦나라 외로운 사슴=항우가 죽인 진의 자영(子嬰)을 이름.

『瓶歌』 513, 李之蘭/『樂서』 273, ×/『靑洪』 30, 李之蘭女眞人伊豆蘭本朝開國勳靑海伯/『東國』 228(264), ×/『靑六』 43, 李之蘭本朝初名伊豆蘭女眞人也 嘗從我太祖大王征伐屢立功賜姓李赴海陽伯開/『永類』 50, ×/『東歌』 24, 李之蘭初名伊豆蘭女眞人也 我太祖大王征伐屢立功賜姓李氏 封靑海伯/『源國』 385, 李之蘭字式馨太祖朝開國功臣賜姓李氏封淸海伯本姓名卯道蘭/『源奎』 385, 李之蘭字式馨淸海伯/『源河』 378, 李之蘭字式馨淸海伯/『源六』 371, 李之蘭字式馨爵淸海伯/『源佛』 373, 李之蘭字式馨爵淸海伯/『源朴』 373, 李芝蘭/『源皇』 370, 李之蘭字式馨淸海伯開國功臣/『海樂』 375, 李之蘭字式馨淸海伯開國功臣/『源一』 374, 李芝蘭/『源東』 378, 李之蘭字式馨淸海伯/『協律』 370, 李芝蘭淸海伯/『花樂』 394, 李芝蘭/『詩餘』 158, ×/『時全』 2941/『時大』 4143

崔冲 仕高麗 歷事四朝 出將入相玉老退居 廣聚後學 校海不倦 東方朔學校之興 盖由貴始

25

白日은 西山에 지고 黃河는 東海로 가고
古來 英雄은 北邙山으로 드단 말가
두어라 物有盛衰니 恨홀 주리 이시랴.(慨)

註解) 白日＝쨍쨍하게 비치는 해. 黃河＝중국 청해성 사안객라 산맥에서 발원하여 발해로 흐르는 大河. 北邙＝北邙山. 죽어서 가는 곳. 공동묘지. 드단＝간다는. 物有盛衰＝만물은 성하면 반드시 쇠한다는 자연의 이치.

『瓶歌』 44, 崔冲/『海一』 447, ×/『樂서』 323, ×/『青洪』 13, 崔冲字浩然文宗時門下侍郎時稱海東孔子/『青詠』 45, 權堤字仲汝安東人世宗朝文衡贊成撰龍飛御天歌/『東國』 172, 崔冲仕高麗 歷事四朝 出將入相玉老退居 廣聚後學 校海不倦 東方朔學校之興 盖由貴始/『古今』 101, ×/『槿樂』 113, ×/『青六』 35, 崔冲仕高麗歷任四朝出入將相老退居鄕里廣聚後學敎誨不倦東方學校之興蓋由冲始/『興比』 54, ×/『東歌』 25, 崔冲仕高麗歷事四朝出入將相至老退居鄕里廣聚後學敎誨不倦東方學校之興蓋由冲始/『源國』 375, 崔冲字浩然高麗時四朝出將入相/『源奎』 375, 崔冲高麗人/『源河』 368, 崔冲或日權是字仲汝安東人號正齋世宗朝文衡贊成撰龍飛御天歌/『源朴』 363, 崔冲字浩然/『源皇』 360, 崔冲字浩然高麗時四朝入相/『海樂』 366, 崔冲字浩然高麗時四朝出將入相/『源가』 186, 崔冲/『源一』 364, 崔冲/『源東』 369, ×/『協律』 360, 崔冲高麗人/『花樂』 384, ×/『永類』 55, ×/『時全』 1209/『時大』 1728

成忠百濟諫臣不食死

26

問노라 汨羅水야 屈原이 어니 죽다터이

讒소에 더러닌 몸 죽어 뭇칠 짜이 업다

滄波에 白骨을 삐셔 魚復裡에 藏ᄒᆞ니라.(慨)

註解) 汨羅水=멱라수. 「汨」는 「汨」의 잘못. 중국 호남성 상음현(湘陰縣) 북쪽에 있는 강. 중국 초나라 굴원이 빠져 죽은 곳. 屈原=굴원은 전국시대 楚人. 죽타턴고=죽는다 하던고. 讒訴=참소. 더러닌=더럽힌. 짜히=땅이. 滄浪=푸른 물결. 魚復裡=고기 뱃속.

『甁歌』 42, 成忠/『靑洪』 10, 成忠百濟義慈王時人官佐平王作望海亭與官人謠酗成忠極諫王囚之成忠不食死獄中/『靑가』 314, 松伊/『靑詠』 162, 成忠百濟諫臣/『東國』 234, ×/『靑六』 31, 成忠百濟諫官不食死/『歌寶』 71, ×/『東歌』 26, 成忠百濟諫臣不食死/『源六』 270, ×/『源佛』 272, ×/『時全』 1092/『時大』 1554

禹倬高麗忠烈王時監察

27

ᄒᆞᆫ 손의 막ᄃᆡ 잡고 ᄯᅩ ᄒᆞᆫ 손에 가싀 쥐고
늙는 길 가싀로 막고 오는 白髮을 막ᄃᆡ로 치려터니
白髮이 졔 몬져 알고 즈럼길노 오거라.(老)

註解) 막ᄃᆡ 잡고=막대 쥐고. 가싀 쥐고=가시를 쥐고. 치려터니=치려 했더니. 몬져=먼저. 즈럼길노=지름길로.

『甁歌』 47, 禹倬/『海一』 578, ×/『樂서』 440, ×/『青가』 436, ×/『青詠』 424, ×/『東國』 315, ×/『青六』 34, 禹倬/『歌寶』 54, ×/『東歌』 27, 禹倬高麗忠烈王時監察/『源國』 804(139), ×/『源奎』 803(139), ×/『源河』 803(146), ×/『源六』 755(129), 禹倬高麗祭酒通性理之學/『源佛』 760(129), 禹倬高麗祭酒/『源朴』 675(138), ×/『源皇』 661(139), ×/『海樂』 818(160), ×/『協律』 775(133), ×/『女謠』 135, ×/『南太』 136, ×/『詩餘』 141, ×/『時全』 3177/『時大』 4505

孟思誠 號東浦 世宗朝左相

28

江湖에 봄이 드니 미친 興이 졀노 난다

濁醪 溪邊에 錦鱗魚 按酒로다

이몸이 閒暇히옴도 亦君恩이샷다

註解) 濁醪 溪邊=막걸리를 마시면서 강변에서 놈. 錦鱗魚=아름다운 물고기.

『甁歌』 55, 孟思誠/『靑珍』 9, 孟思誠/『海一』 17, 孟思誠/『海周』 17, 孟思誠/『詩歌』 29, 孟思誠/『靑洪』 36, 孟思誠/『靑가』 9, 孟思誠/『靑詠』 37, ×/『槿樂』 54, 孟思誠/『靑六』 44, 孟思誠/『東歌』 28, 孟思誠/『源河』 301, 孟思誠/『時全』 124/『時大』 171

29

江湖에 여름이 드니 草堂에 일이 업다

有信ᄒᆞᆫ 江波ᄂᆞᆫ 보ᄂᆡᄂᆞ니 ᄇᆞᄅᆞᆷ이라

이몸이 서늘히옴도 亦君恩이샷다

註解) 여름=여름. ᄇᆞᄅᆞᆷ=바람. 서ᄂᆞᆯ히옴도=서늘하옴도.

『甁歌』 56, 孟思誠/『靑珍』 10, 孟思誠/『海一』 18, 孟思誠/『海周』 18, 孟思誠/『詩歌』 30, 孟思誠/『靑洪』 37, 孟思誠/『槿樂』 155, ×/『靑六』 45, 孟思誠/『東歌』 29, 孟思誠/『時全』 127/『時大』 166

30

江湖에 ᄀᆞ을이 드니 고기마다 슬삐 거다

小艇에 그물 싣고 흘니 띄여 더져두고

이몸이 消日ᄒᆞ옴도 亦君恩이샷다.

註解) ᄀᆞ올=가을. 슬져 잇다=살이쪄 있구나. 小艇=작은 고깃배. 흘니 띄여=흘러가는 대로 띄여. 역군은이샷다=또한 임금님의 은혜이시도다.

『瓶歌』 57, 孟思誠/『青珍』 11, 孟思誠/『海一』 19, 孟思誠/『海周』 19, 孟思誠/『詩歌』 31, 孟思誠/『青洪』 38, 孟思誠/『槿樂』 156, ×/『青六』 46, 孟思誠/『東歌』 30, 孟思誠/『時全』 115/『時大』 162

31

江湖에 겨으리 드니 눈 깁픠 자히 남다

삿갓슬 빗기 쓰고 누역으로 오슬 사마

이몸이 칩지 아님도 亦君恩이샷다.(忠)

註解) 깁픠=깊이가. 자히 남다=한자가 더 된다. 빗기=비스듬이. 쓰고=쓰고. 누역=縷繹, 도롱이. 칩지=춥지. 아님도=아니한 것도.

『瓶歌』 58, 孟思誠/『青珍』 12, 孟思誠/『海一』 20, 孟思誠/『海周』 20, 孟思誠/『詩歌』 32, 孟思誠/『青洪』 39, 孟思誠/『槿樂』 157, ×/『青六』 47, 孟思誠/『東歌』 31, 孟思誠/『時全』 116/『時大』 164

金宗瑞 號 節齋 世宗朝 領相 盡復北疆設六鎭

32

朔風은 나모 긋해 불고 明月은 눈 속에 춘듸

萬里 邊城에 一長劒 집고 셔셔

긴 프람 흔 소릐에 거칠 거시 업서라.(壯)

註解) 朔風=北風. 나모=나무. 춘듸=찬데. 萬里 邊城=멀리 떨어진 국경 부근의 성. 프람=휘파람. 흔 소릐=한 번 외치는 소리.

註解) 『甁歌』 324, 金宗瑞/ 『靑珍』 13, 金宗瑞/ 『海一』 21, 金宗瑞/ 『海周』 21, 金宗瑞/ 『詩歌』 33, 金宗瑞/ 『靑洪』 44, 金宗瑞/ 『靑가』 13, 金宗瑞/ 『靑詠』 43, 金宗瑞/ 『槿樂』 124, 金宗瑞/ 『靑六』 50, 金宗瑞/ 『歌譜』 151, 金宗瑞/ 『東歌』 32, 金宗瑞/ 『源國』 129, 金宗瑞/ 『源奎』 129, 金宗瑞/ 『源河』 118, 金宗瑞/ 『源六』 135, 金宗瑞/ 『源佛』 135, 金宗瑞/ 『源朴』 123, 金宗瑞/ 『源皇』 121, 金宗瑞/ 『海樂』 126, 金宗瑞/ 『源가』 83, 金宗瑞/ 『源一』 127, 金宗瑞/ 『源東』 134, 金宗瑞/ 『協律』 122, 金宗瑞/ 『花樂』 125, 金宗瑞/ 『時全』 1421/ 『時大』 2022

成三問 字 謹甫號梅竹堂端宗朝 承旨

33

首陽山 ᄇᆞ라보셔 夷齊롤 恨ᄒᆞ노라

주려 주죽을진들 採薇도 ᄒᆞᄂᆞᆫ 것가

아무리 푸ᄉᆡ엿 거신들 긔 뉘 ᄯᅡ헤 낫더니.(慨)

註解) 夷齊=伯夷와 叔齊로 고적군의 두아들. 주려=굶주려. 푸ᄉᆡ엿 거신들=푸새의 것인들. 뉘 ᄯᅡ헤=누구의 땅에.

『瓶歌』 62, 成三問/『青珍』 15, 成三問/『海一』 23, 成三問/『海周』 23, 成三問/『詩歌』 38, 成三問/『青洪』 46, 成三問/『青가』 14, 成三問/『青詠』 38, 成三問/『青六』 52, 成三問/『東歌』 33, 成三問/『源國』 386, 成三問/『源奎』 386, 成三問/『源河』 380, 成三問/『源六』 372, 成三問/『源佛』 374, 成三問/『源朴』 374, 成三問/『源皇』 371, 成三問/『海樂』 376, 成三問/『源一』 375, 成三問/『源東』 381, 成三問/『協律』 371, 成三問/『花樂』 395, 成三問/『時全』 1703/『時大』 2434

朴彭年 字 仁叟 號 醉琴堂 端宗朝 判參

34

가마귀 눈비마즈 희는 닷 검노믹라

夜光明月이 밤인들 어두오랴

님向흔 一片丹心이야 變흘 줄이 잇시랴.(忠)

註解) 검노믹라=검는구나. 夜光明月=밤에 빛나는 밝은 달. 어두오랴=어두우랴. 一片丹心=한결같은 마음. 잇시랴=있으랴

『甁歌』64, 朴彭年/『青珍』295, 無名氏/『海一』25(330), 朴彭年 字仁叟世宗朝官至參判, ×/『海周』25, 朴彭年/『詩歌』35, 朴彭年字仁叟號醉琴平陽人世宗朝登弟選湖堂官至嘉善刑曹參判世祖朝與李愷等謀復魯山事覺被誅後有六臣祠義烈/『青洪』48, 朴彭年字仁叟 號醉琴軒/『青가』190, 朴彭年世宗朝登弟官至參判/『青詠』29, 崔瑩高麗大將軍世宗朝登弟官至參判 /『東國』18, 朴彭年字仁叟號醉琴堂端宗朝判參/『槿樂』39, 崔愷/『青六』54, 朴彭年號醉錦堂字 仁叟平陽人端宗朝官至工慘六臣/『歌寶』27, ×/『興比』14, ×/『東歌』34, 朴彭年字仁叟號醉琴堂端宗朝參判/『源國』128(236), 朴彭年字仁叟號醉琴順川人世宗朝登弟湖堂官至刑曹參判世祖朝謀復魯山事覺被誅後追封六臣配享端廟參判配享端宗, 朴彭年字仁叟號醉琴軒端宗朝參判六臣/『源奎』128(236), 朴彭年字, 朴彭年/『源河』117(219), 朴彭年字仁叟號醉琴順天人世宗朝登弟湖堂官至刑曹判書 世祖朝謀復魯山事覺被誅後追封六臣判書配享端廟, ×/『源六』137(223), 朴彭年字仁叟號醉琴順川人世宗朝登弟湖堂官刑參端宗六臣, 朴彭年/『源佛』137(224), 朴彭年字仁叟號醉琴順天人世宗朝登弟湖堂官至刑參, 朴彭年字仁叟號醉琴軒端宗朝參判六臣/ 『源朴』122(226), 朴彭年字仁叟醉琴順川人刑曹判書世宗朝謀復魯山事覺被誅後 追封六臣配享 端廟, 朴彭年/『源皇』120(223), 朴彭年字仁叟 號醉琴順川人世宗朝登弟湖堂官至刑曹參判世祖朝謀復魯山事覺被誅後追封六臣配享端廟參判配享端宗, 朴彭年字仁叟號醉琴軒端宗朝參判 六臣/『海樂』125(227), 朴彭年字仁叟號醉琴順川人世宗朝登弟湖堂官至刑曹參判世祖朝 謀復魯山事覺被誅後追封六臣參判, 朴彭年/『源一』126(231), 朴彭年六臣 配端廟, 朴彭年 六臣/『源東』136(223), 朴彭年字仁叟號醉琴順川人世宗朝登弟湖堂官至刑曹參判 世祖朝謀復魯山事覺被誅後追封六臣配享端廟參判配享端宗, 朴彭年 字仁叟號醉琴軒端宗朝參判/『協律』121(225), 朴彭年號醉琴端宗六臣, 朴彭年號醉琴軒端宗六臣/『花樂』124(231), 朴彭年, ×/『時全』20/『時大』34

河緯地 端宗朝大臣

35

客散門扃ᄒᆞ고 風微月白ᄒᆞᆯ제

酒甕을 다시 열고 詩句 흣부러니

아마도 山人得宜는 이ᄲᅮᆫ인가 ᄒᆞ노라(咏)

註解) 客散門扃=손님이 돌아간 뒤에 문을 닫음. 風微月落=바람도 없고 달이 짐. 흣부러니=마음 내키는대로 읊조리니. 山人得意=산에 사는 사람의 기쁨.

『瓶歌』 68, 河緯地/『青詠』 140, 河緯地/『永類』 60, ×/『東歌』 35, 河緯地/『源國』 370, 河緯地/『源奎』 370, 河緯地/『源河』 364, 河緯地/『源六』 356, 河緯地/『源佛』 358, 河緯地/『源朴』 358, 河緯地/『源皇』 355, 河緯地/『海樂』 360, 河緯地/『源一』 359, 河緯地/『源東』 362, 河緯地/『協律』 355, 河緯地/『花樂』 379, 河緯地/『大東』 41, 河緯地/『時全』 135/『時大』 186

李塏端宗朝六臣

36

窓밧겨 셧ᄂᆞᆫ 쵸불 눌과 離別 ᄒᆞ엿관ᄃᆡ

눈물을 흘이며 속ᄐᆞᄂᆞᆫ 쥴 모로ᄂᆞᆫ고

우리도 져쵸불 ᄀᆞᆺ도 다 속ᄐᆞᄂᆞᆫ 쥴 몰내라.(忠)

註解) 셧ᄂᆞᆫ=켜 있는. 눌과=누구와. ᄒᆞ엿관ᄃᆡ=하였기에. 속ᄐᆞᄂᆞᆫ=속타는.

『甁歌』 67, 李塏/『靑珍』 444, ×/『詩歌』 441, ×/『靑가』 475, ×/『東國』 279, ×/『古今』 238, ×/『靑六』 55, 李塏端宗朝六臣/『東歌』 36, 李塏端宗朝六臣/『源國』 245, ×/『源奎』 245, ×/『源六』 259, 李塏/『源佛』 261, 李塏/『源朴』 234, ×/『源皇』 232, ×/『海樂』 236, ×/『源一』 240, ×/『源東』 236, 李塏/『協律』 234, ×/『女謠』 84, ×/『三家樂府』 李塏/『時全』 1166/『時大』 1659

兪應孚端宗朝六臣

37

간밤에 부든 ᄇᆞ람에 눈서리 치다말가

落落長松이 다 기우러 가노믹라

ᄒᆞ몰며 못ᄃᆞ 퓐 쏫이야 일너 무엇 ᄒᆞ리오.(忠)

註解) 눈서리=눈과 서리. 여기서는 세조의 포악을 비유함. 치단 말가=친단 말인가. 落落長松=가지가 드리운 큰 나무. 여기서는 사육신들을 비유함. 가노미라=가는구나. 일러=일러. 무숨=무엇.

『瓶歌』 66, 兪應孚/『青珍』 359, ×/『海一』 400, ×/『海周』 464, ×/『詩歌』 378, ×/『青가』 378, ×/『青淵』 197, ×/『青六』 56, 兪應孚/『東歌』 37, 兪應孚/『源國』 218, 兪應孚/『源奎』 218, 兪應孚/『源河』 204, 兪應孚/『源六』 202, 兪應孚/『源佛』 202, 兪應孚/『源朴』 208, 兪應孚/『源皇』 206, 兪應孚/『海樂』 212, 兪應孚/『源東』 200, 兪應孚/『協律』 207, 兪應孚/『花樂』 214, 兪應孚/『時全』 66/『時大』 92

金宗直 字 季溫 號 佔偉齋 成宗朝判書

38

이 中에 시름 업슨 이는 漁父의 生涯로다

一葉扁舟를 萬頃波에 씌여 두고

人世를 다 니젓시니 날 가는 줄 몰ᄂᆡ라.(咏)

註解) 시름=근심. 一葉扁舟=작은 조각배. 니젯거니=잊었거니.

『青珍』 18, 李賢輔/『海一』 27, 李賢輔/『海周』 27, 李賢輔/『詩歌』 43, 失名/『青洪』 53, 漁夫/『青가』 21, 李賢輔/『青詠』 241, ×/『青六』 61, 李賢輔/『東歌』 38, 金宗直/『大東』 75, 金宗直/『時全』 2371, /『時大』 3225

金宏弼號寒喧堂 佔畢齋文人燕山史獄杖流尋誅後贈領相

39

삿갓싀 되롱 衣 닙고 細雨中에 호믜 메고
山田를 홋믜다가 綠陰에 누어서니
牧童이 牛羊을 모라다가 졈든 날을.(咏)

註解) 삿갓싀=삿갓에. 되롱=도롱. 홋믜=호미. 山田=따비밭. 홋믜다가=홑어 매다가. 모라다가=몰아다가.

『甁歌』72, 金宏弼/『靑珍』323, ×/『詩歌』26, 黃喜/『樂서』298, ×/『靑洪』41, 孟思誠/『靑가』342, ×/『東國』238, ×/『靑六』401, ×/『永類』46, ×/『時調』82, ×/『東歌』39, 金宏弼號寒喧堂 佔畢齋文人燕山史獄杖流尋誅後贈領相/『南太』163, ×/『詩餘』145, ×/『大東』76, 金宏弼字大猷號寒暄堂翰林文敬公/『古今』151, ×/『時全』1493/『時大』2124

金馹孫 號 濯纓 燕山時 以獻納被誅 復官

40

山頭에 閑雲 起ᄒᆞ고 水中에 白鷗飛라
無心코 多情ᄒᆞ며 이 두 거시로다
一生애 시르믈 닛고 너를 조차 놀니라.(意)

註解) 山頭에 閑雲이=산 등성에 한가롭게 구름이. 두 거시로다=이 둘뿐이로다. 시르믈=근심을. 닛고=잊고. 놀니라=놀으리라.

『甁歌』69, 金馹孫/『靑珍』21, 李賢輔/『海一』30, 失名/『海周』30, 漁夫/『詩歌』24, 李賢輔/『靑詠』244, 李賢輔/『槿樂』152, 李賢輔/『靑六』64, ×/『永類』10, ×/『興比』336, 金馹孫/『東歌』40, 金時習/『大東』42, /『時全』1426/『時大』2029

趙光祖 字 孝直靜庵 中宗朝 大司憲

41

꿈에 曾子끠 뵈와 事親道를 뭇ᄌᆞ온디

曾子曰 嗚呼라 小子야 드러서라

事親이 豈有他哉리오 敬之而已라 ᄒᆞ시니라.(孝)

註解) 曾子=공자의 수제자로 춘추 때 노나라 남무성인. 事親道=어버이를 섬기는 도리. 嗚呼라=아아! 감탄사. 드러서라=들으려므나. 事親이 豈有他哉리오=어버이를 섬김이 어찌 딴 것이 있으랴. 敬之而已=오직 공경할 따름이라.

『瓶歌』 78, 趙光祖/『靑詠』 340, ×/『東歌』 41, 趙光祖/『大東』 51, 金守廉/『時全』 338/『時大』 473.

徐敬德 號 花潭 中廟時 高士

42

ᄆᆞ음이 어린 後ㅣ니 ᄒᆞᄂᆞᆫ 일이 다 어리다

萬疊雲山에 어닉 님 오리마ᄂᆞᆫ

지ᄂᆞᆫ 닙 부ᄂᆞᆫ ᄇᆞ롬에 幸혀 긘가 ᄒᆞ노라.(忠)

註解) ᄆᆞ음=마음. 어린=어리석은. 萬疊雲山=깊은 구름 낀 산 속. 어닉 님=어느 임이. 幸혀 긘가=행여나 그 임인가.

『瓶歌』 96, 徐敬德/『青珍』 23, 花潭徐敬德字可久號花潭中廟朝授職諡文康/『海一』 32, 徐敬德字可久號花潭中宗朝授職/『海周』 32, 徐敬德/『詩歌』 48, 徐敬德字可久號花潭康城人中宗朝居松京隱而不仕研窮義理宣祖朝贈左相諡文康公/『青洪』 58, 徐敬德字可久號花潭/『青가』 38, 花潭徐敬德/『青詠』 196, 花潭徐敬德/『東國』 57, 徐敬德 號 花潭 中廟時 高士/『青六』 88, 徐敬德號花潭字可久康城人明宗朝授職處士年五十八諡文康/『興比』 297, ×/『東歌』 42, 徐敬德號花潭中廟時高士/『源國』 30, 徐敬德字可久號花潭康城人中宗朝居松京隱而不仕研窮義理宣祖朝贈左相諡文康公/『源奎』 30, 徐敬德字可久號花潭康城人中宗朝居松京隱而不仕研窮義理宣祖朝贈左相諡文康公/『源河』 26, 徐敬德字可久號花潭康城人中宗朝居松京隱而不仕研窮義理宣祖朝贈左相諡文康公/『源六』 28, 徐敬德字可久號花潭康城人中宗朝居松京隱而不仕研窮義理宣祖朝贈左相諡文康公/『源佛』 28, 徐敬德字可久號花潭康城人中宗朝居松京隱而不仕研窮義理宣祖朝贈左相諡文康公/『源朴』 29, 徐敬德字可久號花潭康城人中宗朝居松京隱而不仕研窮義理宣祖朝贈左相諡文康公/『源皇』 29, 徐敬德字可久號花潭康城人中宗朝居松京隱而不仕研窮義理宣祖朝贈左相諡文康公/『海樂』 31, 徐敬德字可久號花潭康城人中宗朝居松京隱而不仕研窮義理宣祖朝贈左相諡文康公/『源가』 25, 徐敬德/『源一』 30, 徐敬德號花潭宣祖朝左相/『源東』 29, 徐敬德字可久號花潭康城人中宗朝居松京隱而不仕研窮義理宣祖朝贈左相諡文康公/『協律』 27, 徐敬德號花潭/『花樂』 26, 徐敬德/『時全』 956/『時大』 1378

成守琛號聽松字仲玉靜菴文人明宗朝處士

43

이리도 太平聖代 져리도 聖代

堯之日月이오 舜之乾坤이로다

우리도 太平聖代에 놀고 갈가 ᄒᆞ노라.(昇)

註解) 堯之日月·舜之乾坤＝요순의 태평시절. 놀고＝놀면서.

『甁歌』 97, 成守琛/『靑珍』 393, ×/『詩歌』 437, ×/『靑가』 422, ×/『靑詠』 337, 成守琛號聽松/『東國』 277, ×/『槿樂』 33, ×/『靑六』 90(961), 成守琛號聽松字仲玉靜菴文人明宗朝處士年七十二, 成守琛/『興比』 196, ×/『東歌』 43, 成守琛號聽松字仲玉靜菴文人明宗朝處士/『源國』 856(191), ×/『源奎』 855(191), ×/『源朴』 725(188), ×/『源皇』 713(191), ×/『海樂』 874(216), ×/『源가』 434(119), ×/『詩謠』80, ×/『大東』 307, ×/『靑淵』 56, ×/『永類』 135, ×/『時全』 2295/『時大』 3240

44

治天下 五十年에 不知왜라 天下事를

億兆蒼生이 엿과저 願 ᄒᆞᄂᆞ냐

康衢에 問童謠 ᄒᆞ니 太平인가 ᄒᆞ노라.(昇)

註解) 治天下 五十年＝帝堯가 천하를 다스린 지 50년. 不知왜라 天下事＝천하의 일을 알지 못하도다. 億兆蒼生＝많은 백성. 戴己＝얹고자. 康衢에 問童謠＝번화한 거리에서 동요를 들었다는 요임금의 고사.

『甁歌』 98, 成守琛/『青珍』 451, ×/『海一』 476, ×/『海周』 476, 李鼎輔/『詩歌』 438, ×/『樂서』 318, ×/『青가』 510, ×/『青詠』 335, ×/『東國』 29, 成守琛/『青六』 48, 卞季良號春亭世宗朝大提學 諡文肅/『歌寶』 67, ×/『永類』 36, ×/『東歌』 44, 卞季良/『源國』 25, 成守琛字仲玉號聽松/『源奎』 25, 成守琛字仲玉號聽松/『源河』 21, 成守琛字仲玉號聽松/『源六』 23, 成守琛字仲玉號聽松/『源佛』 23, 成守琛字仲玉號聽松/『源朴』 24, 成守琛字仲玉號聽松/『源皇』 24, 成守琛字仲玉號聽松/『海樂』 26, 成守琛字仲玉號聽松/『源一』 25, 成守琛字仲玉號聽松/『協律』 22, 成守琛字仲玉號聽松/『花樂』 21, 成守琛/『大東』 44, 成守琛 聽松/『時全』 3026/『時大』 4272

45

내히 됴토 ᄒᆞ고 남 슬흔 일 ᄒᆞ지 말고
남이 ᄒᆞᆫ다 ᄒᆞ고 義 아니여든 좃지 말라
우리는 天性을 직희여 삼긴ᄃᆡ로 ᄒᆞ리라.(意)

註解) 내히=내가. 됴타 ᄒᆞ고=좋다 하고. 슬흔 일=싫어하는 일. 좃지=따르지. 天性=타고난 본성. 직희여=지키어. 삼긴ᄃᆡ로=생긴대로.

『瓶歌』 390, 朱義植/ 『青珍』 341, ×/ 『海一』 466, ×/ 『詩歌』 290, ×/ 『樂서』 364, ×/ 『青가』 360, ×/ 『青詠』 303, ×/ 『東國』 25(43), 成守琛字仲玉 號 聽松, ×/ 『槿樂』 19, ×/ 『青淵』 15, ×/ 『青六』 49, 卞季良/ 『歌寶』 42, ×/ 『東歌』 45, 成守琛/ 『源國』 94, 卞季良字巨卿辛禑王時年十七登第入我朝太宗朝重試典文衡官至崇政贊成謚文肅公文衡始出/ 『源奎』 94, 卞季良字巨卿辛禑王時年十七登第入我朝太宗朝重試典文衡官至崇政贊成謚文肅公文衡始出/ 『源河』 88, 卞季良字巨卿辛禑王文衡官至崇政 時年十七登第入我朝太宗朝重試典贊成 謚文肅公文衡始出/ 『源六』 91, 卞季良字巨卿辛禑王時文時年十七登第入我朝太宗朝重試典文衡崇政贊成謚文肅文衡始出/ 『源佛』 91, 卞季良字巨卿辛禑王時年十七登第入我朝太宗朝重試典文衡官至崇政贊成 謚文肅公文衡始出/ 『源朴』 89, 卞季良字巨卿文衡贊成謚文肅公/ 『源皇』 88, 卞季良字巨卿辛禑王時年十七登第入我朝太宗朝重試典文衡官至崇政贊成謚文肅公文衡始出/ 『海樂』 94, 卞季良字巨卿辛禑王時登第入我朝重試崇政文衡贊成謚文肅/ 『源가』 63, ×/ 『源一』 93, 卞季良入我朝文衡/ 『源東』 92, 卞季良字巨卿辛禑王時年十七登第入我朝太宗朝重試典文衡官至崇政贊成謚文肅公文鳳始出/ 『協律』 87, 卞季良號春亭麗朝十七年科入我朝文衡/ 『花樂』 89, 卞季良/ 『大東』 4, 成守琛字仲玉號聽松文貞公明宗時薦徵私謚節孝/ 『時全』 608/ 『時大』 845

金應河 光海時 宣川 府使

46

十年 가른 칼이 匣裡에 우노믹라
關山을 ᄇ라보며 ᄯᅢ ᄯᅢ로 만져 보니
丈夫의 爲國功勳을 어닉 ᄯᅢ에 드리올고.(忠)

註解) 匣裡=칼 집 속. 우노믹라=우는구나. 爲國功勳=나라를 위한 공과 훈.

『甁歌』 323, 金應河/『青珍』 375, ×/『詩歌』 453, ×/『青가』 400, ×/『青詠』 85, 李舜臣/『青六』 463, ×/『東歌』 46, 金應河/『源河』 431, 李舜臣/『花樂』 446, 李舜臣/『大東』 95, 李舜臣/『三家樂府』 南將軍怡/『時全』 1802/『時大』 2567

鄭逑寒岡光海時大司憲

47

江湖에 期約을 두고 十年을 奔走ᄒᆞ니

그 모른 白鷗ᄂᆞᆫ 더듸 온다 ᄒᆞ려니와

聖恩이 至重ᄒᆞ시믜 갑고 가려 ᄒᆞ노라.(忠)

註解) 奔走ᄒᆞ니=바삐 지내니. 모른=모르는. 더디 온다=더디게 온다고. 至重=지극히 중함. 갑고=갚고.

『瓶歌』183, 李恒福/『青珍』102, 白沙李恒福 /『海一』348, ×/『詩歌』330, ×/『樂서』250, 鄭逑號寒岡/『青洪』279, ×/『青가』104, 白沙李恒福宣廟朝登第官至首相光海時立節謫北青卒/『青詠』81, 白沙李恒福字子常慶州人宣祖朝拜相/『東國』14, 鄭逑字道可號 寒崗光海時大司憲/『古今』42, ×/『槿樂』52, ×/『青六』131, 鄭逑號寒岡字道可南溟門人光海朝大司憲年七十八/『歌寶』33, ×/『永類』121, ×/『興比』13, ×/『東歌』47, 鄭逑寒岡光海時大司憲/『源國』27, ×/『源奎』27, ×/『源河』23, ×/『源六』25, 鄭逑/『源佛』25, 鄭逑/『源朴』26, ×/『源皇』26, ×/『海樂』28, ×/『源가』23, ×/『源一』27, ×/『源東』25, 鄭逑字號宣祖朝壬亂時除通川郡守封物膳於嘉山郡是時上御嘉山郡之時也/『協律』23, /『槿樂』23, ×/『大東』47, 鄭澈寒岡/『松別 』53, 鄭澈/『三家樂府』×/『時全』117/『時大』165

成渾 字 浩原 牛溪德松子 宣祖朝參贊

48

龍馬ㅣ 負圖ᄒᆞ고 鳳鳥ㅣ 呈祥ᄒᆞ니

三五 王風을 다시 어더 보리로다

我東이 太平 治化을 萬歲無彊이샷다.(忠)

註解) 龍馬 負圖=모양이 용과 같은 중국의 상상의 말. 鳳鳥 呈祥=봉황은 상조로 성군이 나올 때 나타난다는 새. 三五 王風=삼황 오제가 치세를 펼치던 때. 我東=우리나라.

『甁歌』 104, 成渾/『東歌』 48, 成渾/『時全』 2169/『時大』 3058

49
時節이 太平토다 이 몸이 閒暇저니
竹林深處에 午鷄聲 아니런들
깁피든 一場華胥夢을 뉘라셔 씨으리오.(意)

註解) 竹林深處=깊은 대나무 숲 속. 午鷄聲=낮에 닭이 우는 소리. 깁피든=깊이든. 一場華胥夢=한 바탕의 아름다운 꿈. 씨으리오=깨우리.

『瓶歌』105, 成運/『青珍』313, 無名氏/『海一』321, ×/『詩歌』414, ×/『樂서』249, 成運字浩原號牛溪/『青가』330, ×/『青詠』371, ×/『東國』93, 成運字吉原號小溪聽楚子宣廟朝參贊/『古今』64, ×/『槿樂』76, ×/『青淵』12, ×/『青六』91, 成運號牛溪字浩源守琛子宣祖朝參贊謚文簡年六十四從祀文廟/『永類』78, ×/『東歌』49, 成運/『源國』72, 成運字浩原號牛溪/『源奎』72, 成運字浩原號牛溪/『源河』69, 成運字浩原號牛溪文廟配享/『源六』72, ×/『源佛』72, ×/『源朴』68, 成運字浩原號牛溪/『源皇』68, 成運字浩原號牛溪/『海樂』70, 成運字浩原號牛溪/『源가』48, 成澤/『源一』71, 成運號牛溪/『源東』73, 成運字浩原號牛溪/『協律』67, 成運號牛溪/『花樂』70, 成運/『大東』66, 無名氏/『時全』1773/『時大』2533

50

말업슨 靑山이오 態 업슨 流水로다

갑업슨 淸風이요 님ᄌᆞ업슨 明月이라

이 中의 病 업슨 내 몸이 病업시 늘그리라.

註解) 말업슨=말없는. 態 업슨=모양이 없는. 갑업슨=값없는. 님ᄌᆞ=임자. 주인. 病업시=걱정이 없이.

『瓶歌』 106, 成渾/『靑洪』 282, ×/『靑가』 329, ×/『靑詠』 176, 金裕器/『東國』 96, 成渾/『槿樂』 180, ×/『靑淵』 50, ×/『靑六』 92, 成渾號牛溪字浩原守王子宣祖朝參贊謚文簡年六十四從祀文廟/『歌寶』 116, ×/『興比』 75, ×/『時調』 70, ×/『東歌』 50, 成渾/『源國』 348, 成渾字浩源號牛溪/『源奎』 348, 成渾字浩源號牛溪/『源河』 344, 成渾/『源六』 329, 成渾字浩源號牛溪/『源佛』 331, 成渾字浩源號牛溪/『源朴』 336, 成渾字浩源號牛溪/『源皇』 333, 成渾字浩源號牛溪/『海樂』 338, 成渾字浩源號牛溪/『源가』 177, ×/『源一』 339, 成渾/『源東』 342, ×/『協律』 336, 成渾/『花樂』 355, 成渾/『南太』 138, ×/『詩餘』 75, ×/『大東』 91, 成渾字浩源牛溪參贊文簡公/『源가』 643, ×/『時全』 989/『時大』 1423

李元翼號梧里宣廟朝相臣光海廢母時上疏言甚切直光海大怒配洪川仁祖元年還爲領相

51

綠陽이 千萬絲인들 가는 春風 믹야 두며

探花蜂蝶인들 지는 쏫 어이ᄒᆞ리

아모리 ᄉᆞ랑이 重ᄒᆞᆫ들 가는 님을 어이리.(慨)

註解) 綠楊이 千萬絲=푸른 버들가지가 천만 갈래의 실같이 늘어진 모양. 探花 蜂蝶=꽃을 찾는 벌과 나비. 어이리=어찌 하리.

『瓶歌』 181, 李元翼/ 『樂서』 380, ×/ 『靑詠』 358, ×/ 『東國』 144, 李元翼號梧里宣廟朝相臣光海廢母時上疏言甚切直光海大怒配洪川仁祖元年還爲領相/ 『古今』 215, ×/ 『槿樂』 244, ×/ 『靑六』 115, 李元翼號梧里字公厲宣祖朝領相謚文忠年八十三/ 『歌寶』 351, ×/ 『永類』 138, ×/ 『興比』 43, ×/ 『東歌』 51, 李元翼號梧里宣廟朝相臣光海廢母時上疏言甚切直光海大怒配洪川仁祖元年還爲領相/ 『源國』 372, 李翼元字公厲號梧里金義人宣廟朝光海廢母之論元翼進跣言甚宜光海大怒配洪川仁祖元年丁巳入相謚文忠公/ 『源奎』 373, 李翼元/ 『源河』 365, 李元翼字公礪號梧里全州人宣廟朝有勳功當光海廢母之論元翼進跣言甚不宜光海大怒定配洪州仁祖元年丁巳入爲領相謚文忠公壽八十/ 『源六』 358, 李元翼字公礪號梧里全義人宣廟朝當光海廢母之論元翼進跣言甚宜光海怒配洪州仁祖元年入相/ 『源佛』 360, 李翼元字公礪號梧里全義人宣廟仁祖元朝當光海廢母之論元翼年丁巳進跣言甚宜光海怒配洪州入相/ 『源朴』 360, 李翼元字公礪號梧里金義人謚文忠公/ 『源皇』 357, 李元翼/ 『海樂』 362, 李元翼/ 『源가』 361, 李元翼/ 『源一』 361, 李元翼/ 『源東』 364, 李元翼字公厲號梧里金義人宣廟朝光海廢母之論公進跣言甚宜光海大怒配洪川仁祖元年丁巳入相謚文忠公/ 『協律』 357, 李元翼/ 『花樂』 381, 李元翼/ 『大東』 86, ×/ 『시철가』 49, / 『時全』 643/ 『時大』 911

申欽 字敬叔 號象村 宣廟朝 仁祖朝 拜相

52

蒼梧山 히 진 後에 二妃는 어듸 간고
흠끠 못 죽은들 셔롬이야 이즐 소냐
千古에 이 뜻 알 이는 대숩힌가 ᄒᆞ노라.(忠)

註解) 蒼梧山=虞舜이 돌아가신 산. 二妃=두 임금의 부인. 셔롬=설움. 뜻=뜻.

『瓶歌』 231, 申欽/『青珍』 124, 申欽/『海一』 102, 申欽/『海周』 104, 申欽/『詩歌』 130, 申欽/『樂서』 39, 申欽/『青가』 126, 申欽/『青詠』 118, 申欽/『青六』 147, 申欽/『歌譜』 70, ×/『永類』 91, ×/『東歌』 52, 申欽/『源國』 742, ×/『源奎』 741, ×/『源河』 736, ×/『源六』 697, ×/『源佛』 702, ×/『源朴』 612, ×/『源皇』 598, ×/『海樂』 749, ×/『源가』 370, ×/『協律』 713, ×/『女謠』 74, ×/『歌謠』 97, ×/『時全』 2735/『時大』 3855

李珥栗谷宣祖朝文衡左贊成

53

泰山이 놉다ᄒᆞ되 하날 아릐 뫼히로다

오로고 ᄯᅩ 오로면 못 오를 理 업겁마는

사ᄅᆞᆷ이 졔 아니 오로고 뫼흘 놉다 ᄒᆞ더라.(慨)

註解) 뫼히로다=산이로다. 업겁만는=없지만은. 졔=제가. 뫼흘=산을.

『瓶歌』 639, ×/ 『靑珍』 374, ×/ 『詩歌』 502, ×/ 『樂서』 310, ×/ 『靑가』 187, 栗谷李珥東國名賢/ 『靑詠』 302, ×/ 『東國』21(116, 167) 李珥字叔獻號栗谷, ×/ 『古今』 22, ×/ 『槿樂』 21, ×/ 『靑六』 326, ×/ 『歌寶』 21, ×/ 『時調』 75, ×/ 『東歌』 53, 李珥栗谷宣祖朝文衡左贊成/ 『源國』 109, 楊士彦字應聘號蓬萊中華人明宗朝登第 官至府使骨不格筆法古奇/ 『源奎』 109, 楊士彦/ 『源河』 98, 楊士彦字應聘號蓬萊中華人明宗朝登第官至府使骨不格筆法古奇/ 『源六』 116, 楊士彦字應聘號蓬萊中華人明宗朝登第官至府使骨不格筆法古奇/ 『源佛』 116, 楊士彦字應聘號蓬萊中華人明宗朝登第官至府使骨不格 筆法古奇/ 『源朴』 102, 楊士彦字應聘號蓬萊/ 『源皇』 101, 楊士彦字應聘號蓬萊中華人明宗朝登第官至府使骨不格筆法古奇/ 『海樂』 105, 楊士彦字應聘號蓬萊中華人明宗朝登第官至府使骨不格筆法古奇/ 『源가』 72, 楊士彦/ 『源一』 107, 楊士彦號蓬萊明宗時府使/ 『源東』 102, ×/ 『協律』 101, 楊士彦木中國入明宗朝府使/ 『花樂』 103, 楊士彦/ 『南太』 148, ×/ 『詩餘』 80, ×/ 『大東』 124, 趙德重英祖朝兵使/ 『三家樂府』, 松江鄭相公/ 『時全』 3061/ 『時大』 4332

54

山上에 밧가는 百姓 네 身勢 閒暇코나

鑿飮耕食이 帝力인 줄 모로는다

ᄒᆞ물며 肉食者도 모로거든 무러 무숨 ᄒᆞ리오.(慨)

註解) 밧가는＝밭가는. 耕食鑿飮＝손수 우물을 파서 물을 마시고, 밭을 갈아 식생활을 해결함. 帝力＝임금님의 힘, 모로는냐＝모르느냐. 肉食者＝맛있는 음식을 먹는 사람. 무러＝물어서. 무숨＝무엇.

『甁歌』739, ×/『樂서』326, ×/『靑詠』387, ×/『東國』138, 李珥號栗谷文衡/『靑淵』35, 白湖/『靑六』344, ×/『歌寶』115, ×/『興比』83, ×/『東歌』54, 李珥/『源國』173, ×/『源奎』173, ×/『源河』157, ×/『源六』166, ×/『源佛』166, ×/『源朴』163, ×/『源皇』161, ×/『海樂』167, ×/『源一』169, ×/『源東』164, ×/『協律』162, ×/『花樂』167, ×/『大東』153, 失名氏/『時仝』1432/『時大』2035

李滉 字 景浩 退溪 宣祖朝 文衡

55

烟霞로 집을 삼고 風月로 벗들 삼아
太平 聖代에 病으로 늘거가닋
이 中에 ᄇᆞ라는 바는 허물이나 업고져 ᄒᆞ노라.(述)

註解) 烟霞=연기와 노을. 지블=집을. 늘거가뇌=늙어 가는구나. 업고쟈=없게 되고 싶구나.

『陶山六曲板本』 2, 李滉/『瓶歌』 80, 李滉/『青珍』 28, 李滉/『海一』 38, 李滉/『海周』 39, 李滉/『詩歌』 54, 李滉/『樂서』 22, 李滉/『青洪』 64, 李滉/『青가』 27, 李滉/『青詠』 50, 李滉/『古今』 129, ×/『槿樂』 147, ×/『青六』 78, 李滉/『永類』 12, ×/『興比』 298, ×/『東歌』 55, 李滉/『源國』 77, 李滉/『源奎』 77, 李滉/『源河』 53, 李滉/『源六』 74, 李滉/『源佛』 74, 李滉/『源朴』 73, 李滉/『源皇』 72, 李滉/『海樂』 75, 李滉/『源가』 54, 李滉/『源一』 76, 李滉/『協律』 72, 李滉/『花樂』 53, 李滉/『大東』 46, 李滉/『時全』 2033/『時大』 2877

鄭澈 字 季涵 松江 宣祖朝 左相

56

어버이 사라신 졔 셤길 일란 다 ᄒᆞ여라

지ᄂᆞ간 後면 애ᄃᆞᆲ다 엇디 ᄒᆞ리

平生에 곳쳐 못ᄒᆞᆯ 일은 이 ᄲᅮᆫ인가 ᄒᆞ노라.(孝)

註解) 사라신 졔=살아계실 때에. 셤길 일란=섬길 수 있는 일은. 곳쳐 못ᄒᆞᆯ=다시 하지 못할.

『警民篇庚戌乙丑本』 4, 松江/『同戊辰七月本』 4, 松江/『同戊辰九月本』 4, 松江/『同가람本』 4, 松江/『同國立圖書館本』 4, 松江/『松星』 4, 松江/『松李』 4, 松江/『松關』 4, 松江/『松別』 4, 松江/『瓶歌』 124, 松江/『青珍』 42, 松江/『海一』 57, 松江/『海周』 58, 松江/『詩歌』 69, 松江/『青洪』 78, 松江/『青가』 43, 松江/『古今』 11, ×/『槿樂』 9, ×/『青六』 100, 松江/『興比』 300, 松江/『東歌』 56, 松江/『清溪歌詞』 67, 松江/『時全』 1918/『時大』 2729

李德馨 字 明甫 號漢陰 宣祖朝文衡領相

57

큰 盞에 ᄀᆞ득 부어 醉토록 먹으면셔

萬古 英雄을 손고바 혜여 보니

아마도 劉伶 李白이 내 벗인가 ᄒᆞ노라.(豪)

註解) ᄀᆞ득=가득. 손고바=손꼽아. 혜여=헤아려.

『瓶歌』 187, 李德馨/『靑珍』 100, 李德馨/『海一』 90, 李德馨/『海周』 91, 李德馨/『詩歌』 120, 李德馨/『樂서』 34, 李德馨/『靑洪』 123, 李德馨/『靑가』 99, 李德馨/『靑六』 118, 李德馨/『永類』 116, ×/『東歌』 57, 李德馨/『源國』 426, 李德馨/『源奎』 426, 李德馨/『源河』 415, 李德馨/『源六』 406, 李德馨/『源佛』 408, 李德馨/『源朴』 411, 李德馨/『源皇』 409, 李德馨/『海樂』 415, 李德馨/『源一』 413, 李德馨/『源東』 414, 李德馨/『協律』 411, 李德馨/『花樂』 431, 李德馨/『詩謠』 77, ×/『大東』 84, 李德馨/『時全』 3043/『時大』 4301

李恒福字子常白沙宣祖朝文衡領相

58

鐵嶺 노푼 재예 자고가는 져 구름아

孤身寃淚을 비 삼마 띄예다가

님 계신 九重深處에 뿌려 볼들 엇더ᄒᆞ리.(忠)

註解) 鐵嶺=강원도 수양군과 함남 안변군 사이에 있는 고개. 자고가는=쉬었다가 넘는. 孤身寃淚=외로운 몸의 억울한 눈물. 九重深處=임금님이 계신 궁중. 뿌려=뿌려.

『瓶歌』 185, 李恒福/『青珍』 103, 白湖李恒福/『海一』 93, 李恒福/『海周』 94, 李恒福/『詩歌』 116, 李恒福/『樂서』 33, 李恒福號白湖宣廟朝臣/『青洪』 120, 李恒福/『青가』 106, 白湖李恒福/『東國』 125(195), 李恒福 字 子常 號 白沙 宣廟朝領相, ×/『古今』 43, ×/『槿樂』 53, ×/『青淵』 256, 松江/『青六』 116, 李恒福/『歌寶』 77, ×/『興比』 87, ×/『東歌』 58, 李恒福字子常白沙宣祖朝文衡領相/『源國』 419, 李恒福字子常號白沙慶州人宣宗朝登第湖堂文衡官至領相勳功鰲城府院君謚文忠公當世才能/『源奎』 419, 李恒福/『源河』 408, 李恒福/『源六』 405, 李恒福字子常號白沙慶州人宣宗朝登第湖堂文衡官至領相勳功鰲城府院君謚文忠公當世才能/『源佛』 407, 李恒福/『源朴』 405, 李恒福/『源皇』 402, 李恒福鰲城府院君/『海樂』 409, 李恒福/『源一』 406, 李恒福/『源東』 413, 李恒福字子常號白沙慶州人宣祖朝湖堂文衡領相鰲城府院君謚文忠公/『協律』 404, 李恒福/『花樂』 426, 李恒福/『大東』 60, 李恒福字子常號白沙領議政文忠公/『三家樂府』, 白沙李相公/『時全』 2823/『時大』 3975

59

쏫아 色을 밋고 오는 나븨를 禁치 마라

春光이 덧업슨 줄 넨들 아니 斟酌ᄒᆞ랴

綠葉이 成陰子滿枝면 어닉 나뷔 오던이.(孝)

註解) 쏫아=꽃아. 밋고=믿고. 春光=봄빛, 세월. 덧업슨 즐=세월이 속절없이 빠른 줄. 넨들=넌들. 綠葉이 成陰子滿枝=여자가 출가하여 자녀를 많이 낳음.

『甁歌』 652, ×/『樂서』 381, ×/『靑가』 428, ×/『靑詠』 353, ×/『東國』 141, 李恒福/『槿樂』 90, ×/『靑淵』 180, ×/『靑六』 368, ×/『歌寶』 289, ×/『永類』 170, ×/『興比』 76, ×/『東歌』 59, 李恒福/『源奎』 289, ×/『源河』 287, ×/『源六』 280, ×/『源佛』 282, ×/『源朴』 278, ×/『源皇』 275, ×/『海樂』 280, ×/『源가』, ×/『源一』, ×/『源東』, ×/『協律』 278, ×/『花樂』 294, ×/『大東』 85, 李恒福白沙/『時全』 204/『時大』 285

柳自新 宣祖朝 判尹

60

秋山이 夕陽을 띄고 江心에 줌겻는 지
一竿竹 두러 메고 小艇에 안자시니
天公이 閑暇히 너기샤 돌을 조추 보내신라.(豪)

註解) 夕陽=저녁노을. 江心=강 속. 줌겻는 지=잠겨있을 때. 一竿竹=한 간의 낚시대. 小艇=작은 고깃배. 안자시니=앉았으니. 너겨=여겨. 돌=달.

『瓶歌』 203, 柳自新/『青珍』 105, 柳自新宣廟時人官至判尹希舊之父/『海一』 96, 柳自新字號宣廟朝判尹/『海周』 98, 柳自新/『詩歌』 124, 柳自新字文化人宣祖朝登第官至資憲東北戶/『樂서』 37, 柳自新宣廟判異號天峯/『青洪』 127, 柳自新光海國舅/『青가』 108, 柳自新宣廟朝登第官至判尹/『青詠』 82, 柳自新宣祖朝判尹/『東國』 250, ×/『槿樂』 178, ×/『青淵』 174, ×/『青六』 129, 柳自新文化人官判異/『歌寶』 101, ×/『永類』 35, ×/『興比』 59, ×/『東歌』 60, 柳自新宣祖朝判尹/『源國』 184, 柳自新字號文化人宣祖朝登第光海王妤父也/『源奎』 184, 柳自新字號文化人宣祖朝登第光海王妤父也/『源河』 171, 柳自新字號文化人宣祖朝登第光海王妤父也/『源六』 175, 柳自新宣祖朝登第官至京北光海王妤父也/『源佛』 175, 柳自新宣祖朝登第官至京北光海王妤父也/『源朴』 174, 柳自新文化人/『源皇』 172, 柳自新文化人宣祖朝登第/『海樂』 178, 柳自新字號文化人宣祖朝登第光海王妤父也/『源가』 119, 柳自新/『源一』 180, 柳自新宣祖時登第/『源東』 173, 柳自新文化人宣祖朝登第官至京北尹光海王妤父也/『協律』 173, 柳自新/『花樂』 181, 柳自新/『詩謠』 104, ×/『大東』 7, 柳自新宣祖朝判尹光海妃父/『시철가』 14, /『三家樂府』 ×/『時全』 2967/『時大』 4182

王邦衍宣祖朝金吾郎

61

千萬里 머나먼 길히 고은님 여희옵고

내 ᄆᆞ옴 둘듸 업서 냇ᄀᆞ의 안자시니

져 물도 ᄂᆡ 안 갓도다 우러 밤길 녜놋다.

註解) 길히=길에. 고온 님=단종을 이름. 여희옵고=이별하고. ᄂᆡ ᄆᆞ옴=내 마음. 둘듸=둘 곳이. 냇ᄀᆞ의=냇가에. 안자시니=앉았으니. ᄂᆡ 안=내 마음. 갓도다=같도다. 같아서.

『瓶歌』 59, 王邦衍/『青珍』 17, 王邦衍/『海一』 26, 王邦衍字世宗朝官至金吾郎/『海周』 26, 王邦衍/『詩歌』 39, 王邦衍字開城人燕山時人以蔭官至金吾郎/『樂서』 20, 王邦衍世宗金吾/『青洪』 49, 王邦衍端宗朝金吾郎/『青가』 16, 王邦衍/『青詠』 400, ×/『東國』 251, ×/『古今』 249, ×/『青六』 57, 王邦衍開城人蔭官金吾郎/『歌寶』 346, ×/『永類』 77, ×/『興比』 231, ×/『東歌』 61, 王邦衍宣祖朝金吾郎/『源國』 222, 王邦衍開城人魯山時以蔭官至金吾郎/『源奎』 222, 王邦衍開城人魯山時以蔭官至金吾郎/ 『源河』 209, 王邦衍開城人魯山時以蔭官至金吾郎/ 『源六』 205, 王邦衍魯山時以蔭官至金吾郎/『源佛』 205, 王邦衍魯山時以蔭官至金吾郎/『源朴』 212, 王邦衍開城人/『源皇』 210, 王邦衍開城人魯山時以蔭官至金吾郎/『海樂』 215, 王邦衍字號開城人以蔭官至金吾郎/『源一』 217, 王邦衍開城人/『源東』 203, 王邦衍魯山時以蔭官金吾郎/『協律』 211, 王邦衍開城人魯山時以蔭官至金吾郎/『花樂』 220, 王邦衍/『時全』 2762/『時大』 3897

李濟臣號淸江宣祖朝大司憲

62

天地도 唐虞 적 天地日月도 唐虞 적 日月

天地日月은 古今에 唐虞로다

우리도 唐虞世界에 놀고져 ᄒᆞ노라.

註解) 唐虞 적=唐堯와 虞舜의 시절. 즉 태평한 요순시절. 古今에=예나 지금이나.

『瓶歌』111, 李濟臣/『靑珍』449, ×/『海一』95, 李濟臣字夢應號淸江宣廟朝參判/『海周』97, 李濟臣/『詩歌』113, 李濟臣字夢應號淸江全義人明宗朝登弟官至嘉善北兵使善書法/『靑洪』124, 淸江李濟臣字夢應號淸江大憲/『靑가』506, 李濟臣/『靑詠』206, 李濟臣宣祖朝大憲/『東國』40, 李濟臣號淸江宣廟朝大司憲/『靑六』128, 李濟臣號淸江字夢應全義人武科官至嘉善北兵使/『興比』301, ×/『源國』240, 李濟臣字夢應號淸江全義人明宗朝登第官至大司憲善書法/『源奎』240, 李濟臣字夢應號淸江全義人明宗朝登第官至大司憲善書法/『源河』223, 李濟臣大司憲善筆法/『源六』253, 李濟臣字夢應號淸江全義人善書法明宗朝登第/『源佛』255, 李濟臣/『源朴』230, 李濟臣/『源皇』228, 李濟臣字夢應號淸江全義人明宗朝登第官至大司憲善書法/『海樂』231, 李濟臣字夢應號淸江全義人明宗朝登第官至大司憲善書法/『源가』130, 李濟臣/『源一』235, 李濟臣 明宗時大司憲/『源東』231, 李濟臣字夢應號淸江全義人明宗朝登第官至大司憲善書法/『協律』229, 李濟臣號淸江/『花樂』235, ×/『東歌』62, 李濟臣號淸江宣祖朝大司憲/『時全』2800/『時大』3945

林悌號白湖宣廟朝正郞見松都名技眞伊塚上作歌唱

63

青草 우거진 골에 자는다 누엇는다

紅顔을 어듸 두고 白骨만 뭇쳣ᄂᆞ다

盞 잡고 勸ᄒᆞ리 업스니 그를 슬허 ᄒᆞ노라.(思)

註解) 골에=골짜기에. 자는다=자느냐. 紅顔=어여쁜 얼굴. 뭇쳣ᄂᆞ냐=묻혔느냐. 勸ᄒᆞ리=권할 사람이. 그를=그것을. 슬허=슬퍼.

『瓶歌』 196, 林悌/『青珍』 107, 白湖林悌字子順號白湖宣廟朝登第官止禮曹正郞/『海周』 96, 林悌/『詩歌』 122, 林悌字子順號白湖錦城人宣祖朝登第官至禮曹正郞詩文俱奇歌琴亦善/『樂서』 35, 林悌號 白湖宣廟正郞/『青洪』 125, 林悌字子順號白湖翰林/『青가』 109, 白湖林悌宣廟朝登第官至禮曹正郞/『青詠』 207, 白湖林悌宣祖廟正郞/『東國』 129, 林悌號白湖宣廟朝正郞見松都名技眞伊塚上作歌唱/『青淵』 133, 松江/『青六』 123, 林悌號白湖字子順羅州人官禮曹正郞有詩名/『東歌』 63, 林悌號白湖宣廟朝正郞見松都名技眞伊塚上作歌唱/『源國』 327, 林悌字號白湖『源奎』 327, 林悌號白湖字/『源河』 322, 林悌號白湖字善知音/『源六』 305, 林悌號白湖字/『源佛』 307, 林悌號白湖字/『源朴』 314, 林悌號白湖字/『源皇』 311, 林悌號白湖字/『海樂』 316, 林悌號白湖字/『源가』 167, 林悌/『源一』 318, 林悌/『源東』 320, 林悌號白湖字/『協律』 314, 林悌號白湖字/『花樂』 335, 林悌/『時全』 2899/『時大』 4065

成運 大谷 宣祖朝

64

堯舜 갓튼 님君을 뫼와 聖代를 다시 보니

太古 乾坤에 日月이 光華로다

우리도 壽域春臺에 늘글 주을 모로리라.(昇)

註解) 堯舜=요임금과 순임금. 뫼와=뫼시어. 太古 乾坤=옛날의 순박한 세상. 日月이 光華=해와 달이 빛남. 壽域春臺=성스러운 세상.

『甁歌』 517, 成運/『海一』 391, ×/『靑六』 95, 成運/『東歌』 64, 成運/『源國』 61, ×/『源奎』 61, ×/『源河』 57, ×/『源六』 61, ×/『源佛』 61, 成運/『源朴』 57, ×/『源皇』 57, ×/『海樂』 60, ×/『源一』 60, ×/『協律』 56, 成運/『花樂』 58, ×/『女謠』 64, ×/『詩餘』 159, ×/『歌謠』 98, ×/『大東』 90, 成運/『時全』 2146/『時大』 3033

李陽元 鷺渚 宣祖朝領相

65

노푸나 노푸 남게 날 勸ᄒᆞ여 올려 두고

이보오 벗님너야 흔드지나 말녀 모나

ᄂᆞ려져 죽기는 쉷지 아니 님 못 볼가 ᄒᆞ노라.(忠)

註解) 노푸나 노푸=높고 높은. 남게=나무에. 말녀 모나=말았으면 좋겠구나. 쉷지=서룹지.

『瓶歌』 107, / 『青珍』 358, / 『海一』 54, / 『海周』 55, / 『詩歌』 108, / 『青洪』 115, / 『青가』 201, / 『青詠』 201, / 『青六』 114, / 『東歌』 65, / 『源國』 242, / 『源奎』 242, / 『源河』 225, / 『源六』 255, / 『源佛』 257, / 『源朴』, 232/ 『源皇』 230, / 『海樂』 233, / 『源一』 237, / 『源東』 233, / 『協律』 231, / 『花樂』 237, / 『女謠』 / 『時全』 658/ 『時大』 898

李安訥東岸宣祖朝判書

66

天地로 帳幕삼고 日月로 燈燭삼고

北海를 휘여다가 酒樽에 다여 두고

南極에 老人星 封ᄒᆞ여 늘을 뉘랄 모로리라.(壯)

註解) 天地=하늘과 땅. 酒樽=술통. 다여 두고=대어 두고. 南極에 老人星=南極星의 화신, 壽命을 맡은 별. 늘을 뉘랄=늙을 때를.

『瓶歌』 201, 李安訥/『海一』 121, 李安訥字子敏號東岳宣廟朝判書/『海周』 123, 李安訥/『詩歌』 156, 李安訥字子敏東岳德水人宣祖朝登第官至正憲簾公洪道觀察使贈謚文敏公/『樂서』 41, 李安訥號東岳/『青洪』 151, 李安訥字子敏號東岳判書/『青가』 207, 東岳李安訥宣廟朝登第官至正憲/『青詠』 87(463), 東岳李安訥, ×/『東國』 77(273), ×/『青六』 165, 李安訥號東岳字士敏德水人容齋曾孫仁祖朝文衡領相謚文憲/『永類』 185, ×/『興比』 431, ×/『東歌』 66, 李安訥東岸宣祖朝判書/『源國』 34, 李安訥宣廟朝判書/『源奎』 34, 李安訥字號 宣廟朝判書/『源河』 30, 李安訥宣廟判書/『源六』 32, 李安訥宣廟判書/『源佛』 32, 李安訥字號宣廟朝判書/『源朴』 33, 李安訥/『源皇』 33, 李安訥宣祖朝判書/『海樂』 35, 李安訥宣祖朝判書/『源가』 28, 李安訥/『源一』 34, 李安訥宣廟朝判書/『源東』 32, 李安訥字號宣廟朝判書/『協律』 31, 李安訥/『花樂』 30, 李安訥/『大東』 8, 李安訥 字子敏 號東岳禮曹判書文憲公/『時全』 2803/『時大』 3948

金瑬 北渚 宣祖朝 登第 仁祖朝 領相

67

瀟湘江 긴 디 뷔여 하늘 밋게 뷔을 민여

蔽日 浮雲을 다 쓰러어 ᄇ린 後에

즐겁다 聖主 뫼웁고 太平으로 누리리라.(忠)

밋게=미치게. 뷔=비. 蔽日 浮雲=해를 가리고 있는 구름. 즉 간신배를 뜻함. 쓰러러=쓸어.

『甁歌』 218, 金瑬/『海一』 122, 金瑬/『海周』 124, 金瑬/『詩歌』 153, 金瑬/『青洪』 152, 金瑬/『青가』 209, 金瑬/『青詠』 211, 金瑬/『青六』 166, 金瑬/『源國』 43, 金瑬/『源奎』 43, 金瑬/『源河』 38, 金瑬/『源六』 41, 金瑬/『源佛』 41, 金瑬/『源朴』 42, 金瑬/『源皇』 42, 金瑬/『海樂』 44, 金瑬/『源東』 41, ×/『協律』 40, 金瑬/『花樂』 38, 金瑬/『時全』 1657/『時大』 2365

洪瑞鳳 鶴谷 宣祖朝 領相

68

離別 ᄒ던 날에 피눈물이 난지 만지

鴨綠江 ᄂ린 물이 푸른 빗 젼혀 업ᄂ

ᄇ 우희 셔닌ᄂ 沙工이 처음 보화 ᄒ더라.(忠)

註解) 난지 만지=난 둥 마는 둥. ᄇ 우희=배 위에. 셔니ᄂ=허옇게 머리가 센.

『甁歌』 209, 洪瑞鳳/『青珍』 110, 洪瑞鳳/『海一』 123, 洪瑞鳳/『詩歌』 151, 洪瑞鳳/『青洪』 153, 洪瑞鳳/『青가』 112, 洪瑞鳳/『青詠』 210, 洪瑞鳳/『古今』 245, ×/『槿樂』 283, ×/『青六』 167, 洪瑞鳳/『永類』 87, ×/『東歌』 68, 洪瑞鳳/『時全』 2345/『時大』 3306

趙存性 龍湖 宣祖朝 知敦寧

69

아희야 쇼 서겨 내여라 北郭에 가 새 술 먹쟈

大醉ᄒᆞᆫ 얼굴을 ᄃᆞᆯ빗체 실여 오니

어즈버 羲皇上人을 오날 다시 보애다.(咏)

註解) 北郭=북쪽 성곽. 실여 오니=싣고 오니. 羲皇上人=복희씨 때의 옛 사람. 즉 세상을 잊고 숨어 사는 사람. 보애다=보겠구나.

『瓶歌』 213, 趙存性/『青珍』 115, 趙存性/『海一』 129, 趙存性/『海周』 131, 趙存性/『詩歌』 149, 趙存性/『青洪』 160, 趙存性/『青가』 117, 趙存性/『青詠』 134, 趙存性/『青六』 176, 趙存性/『東歌』 69, 趙存性/『源國』 73, 趙存性/『源奎』 73, ×/『源河』 70, 趙存性/『源六』 73, 趙存性/『源佛』 73, 趙存性/『源朴』 69, 趙存性/『源皇』 69, 趙存性/『海樂』 71, 趙存性/『源가』 49, 趙存性/『源一』 72, 趙存性/『源東』 74, 趙存性/『協律』 68, 趙存性/『花樂』 71, 趙存性/『時全』 1847/『時大』 2637

梁應鼎 字 公燮 宣祖朝 湖堂 大司成 號松川

70

太平 天地間에 簞瓢를 두러 메고

두 ᄉᆞᄆᆡ 느리치고 우즑 우즑 ᄒᆞᆫ는 뜻슨

人世에 걸닌 일 업스ᄆᆡ 그를 죠화 ᄒᆞ노라.

註解) 簞瓢=대광주리와 박. 두 ᄉᆞ매=두 소매. 느리치고=느직하게 끌고. 죠화=좋아.

『甁歌』 110, 梁應鼎/『靑珍』 90, 梁應鼎/『海一』 146, 金應鼎/『海周』 148, 金應鼎/『詩歌』 110, 梁應鼎/『樂서』 65, 金應鼎/『靑洪』 216, 金應鼎/『靑가』 93, 梁應鼎/『靑詠』 76, 梁應鼎/『槿樂』 148, ×/『靑淵』 211, ×/『靑六』 159, 金應鼎/『歌譜』 154, ×/『東歌』 70, 梁應鼎/『源國』 324, 金應鼎/『源奎』 324, 金應鼎/『源河』 329, 金應鼎/『源六』 302, 金應鼎/『源佛』 304, ×/『源朴』 311, ×/『源皇』 308, ×/『海樂』 313, 金應鼎/『源一』 315, 金應鼎/『源東』 317, 金應鼎/『協律』 312, 金應鼎/『花樂』 332, 金應鼎/『大東』 81, 金應鼎/『時全』 3071/『時大』 4345

金長生 字 希元 沙溪栗谷門下人 宣祖朝 仁祖朝 卒年八十四

71

대 심거 울을 삼고 솔 심거 亭子로다

白雲 덥힌 곳에 날 잇는 줄 제 뉘 알니

庭畔에 鶴徘徊ᄒᆞ니 긔 벗진가 ᄒᆞ노라.

註解) 울=울타리. 솔 심거=솔을 심어. 날 잇는 줄=내가 있는 줄을. 庭畔에 鶴徘徊=뜰가에는 학이 배회함.

『瓶歌』 178, 金長生/『青珍』 401, ××/『詩歌』 477, ×/『青가』 455, ×/『古今』 131, ×/『青六』 130, 金長生/『東歌』 71, 金長生/『源國』 423, ×/『源奎』 423, ×/『源河』 412, ×/『源朴』 409, ×/『源皇』 406, ×/『海樂』 413, ×/『源가』 210, ×/『源一』 410, ×/『協律』 408, ×/『花樂』 429, ×/『大東』 2, ×/『時仝』 823/『時大』 1168

趙憲重峯宣祖朝提督官知乾象及倭使來憲請斬其頭奏天朝請兵以待之至於印頭出血人識其告憲曰明年此時竄山谷思吾言矣當壬辰倭於錦山與僧軍七百同時不克死

72

滄浪에 낙시 너코 釣臺에 안ᄌᆞ시니

落照淸江에 빗 소릐 더욱 죠희

柳枝에 玉鱗을 ᄢᅦ여 들고 杏花村을 ᄎᆞᄌᆞ리라.(咏)

註解) 滄浪=푸른 물결. 落照淸江=해질 무렵의 맑은 강. 소릐=소리. 죠희=좋구나. 玉鱗=빛 좋은 고기. 杏花村=술집.

『甁歌』 206, 趙憲/『海一』 343, ×/『樂서』 375, ×/『靑洪』 283, ×/『靑詠』 174(301), 金裕器, ×/『東國』 240, 金應河/『靑淵』 216, ×/『靑六』 125, 趙憲號重峯字汝式宣祖朝提督官/『興比』 295, ×/『時調』 74, ×/『東歌』 72, 趙憲重峯宣祖朝提督官知乾象及倭使來憲請斬其頭奏天朝請兵以待之至於印頭出血人識其告憲曰明年此時竄山谷思吾言矣當壬辰倭於錦山與僧軍七百同時不克死/『源國』 65, 宋獜壽字眉叟號圭菴懷德人中宗朝登第湖堂官至大司憲丁未烈死贈行吏判或曰趙憲/『源奎』 65, 趙憲宋獜壽字眉叟號圭菴懷德人中宗朝登第湖堂官至大司憲丁未寃死贈行吏判或曰趙憲/『源河』 62, 宋獜壽字眉叟號圭菴懷德人中宗朝登第湖堂官至大司成丁未寃死贈行吏判或曰趙憲/『源六』 65, 宋獜壽字眉叟號圭菴懷德人中宗朝登第丁未寃死贈行吏判或曰趙憲/『源佛』 65, 宋獜壽或曰趙憲宋獜壽號圭菴懷德人或曰趙憲中宗朝登第湖堂丁未寃死/『源朴』 61, 宋獜壽字眉叟號圭菴懷德/『源皇』 61, 宋獜壽字眉叟號圭菴懷德人中宗朝登第湖堂官至大司憲丁未寃死贈行吏判/『海樂』 63, 宋獜壽字眉叟號圭菴懷德人中宗朝登第湖堂官至大司憲丁未寃死贈行吏判或曰趙憲/『源가』 64, 宋獜壽/『源一』 43, 宋獜壽中宗朝大司憲/『源東』 66, 宋獜壽字眉叟號圭菴懷德人中宗朝登第湖堂官至大司憲丁未寃死贈行吏判/『協律』 60, 宋獜壽號圭菴中宗朝文湖堂大司憲丁未寃死憲/『花樂』 63, 宋獜壽/『南太』 146, ×/『詩餘』 79, ×/『時全』 2715/『時大』 3831

73

池塘에 비 뿌리고 楊柳에 니 끼인 졔

沙工은 어듸가고 뷘 비만 미엿는고

夕陽에 無心훈 갈머기는 오락가락 후더라.(景)

註解) 池塘=연못. 닉=안개. 끼인 졔=끼었을 때. 뷔=빈. 미얏는고=매였는고. 갈머기=갈매기.

『甁歌』 208, 趙憲/『靑珍』 305, 無名氏/『海一』 340, ×/『詩歌』 340, ×/『樂서』 376, ×/『靑가』 321, ×/『靑詠』 166, 重峯趙憲/『東國』 135, 李輔賢 判中樞/『槿樂』 188, ×/『靑淵』 191, ×/『靑六』 126, 趙憲/『歌寶』 110, ×/『輿比』 226, ×/『東歌』 73, 趙憲/『源國』 251, 趙憲號雲峰宣廟朝人/『源奎』 251, 趙憲號雲峰宣廟朝人/『源河』 250, 趙憲號雲峰宣廟朝人/『源六』 232, 趙憲號雲峰宣廟朝人/『源佛』 234, 趙憲號雲峰宣廟朝人/『源朴』 240, 趙憲號雲峰宣廟朝人/『源皇』 238, 趙憲號雲峰宣廟朝人/『海樂』 242, 趙憲號雲峰宣廟朝人/『源一』 246, 趙憲宣廟時人/『源東』 245, 趙憲號雲峰宣廟朝人/『協律』 240, 趙憲號重峯/『花樂』 258, 趙憲/『大東』 89, 趙憲字號重峯文奉常僉正文烈公/『時全』 2672/『時大』 3774

奇大升

74

豪華코 富貴키야 信陵君만 홀가마는
百年이 못ᄒᆞ여 무덤 우희 밧츨 가니
ᄒᆞ믈며 녀나문 丈夫야 닐러 무슴 ᄒᆞ리오.(明)

註解) 信陵君=신릉은 地名인데 魏國의 공자 無忌가 이 곳에 봉함을 받고 信陵君이 됨. 우희=위에. 밧츨=밭을. 닐러=일러. 무슴=무엇.
『瓶歌』 103, 奇大升/『青珍』 426, ×/『海一』 436, ×/『青가』 461, ×/『古今』 88, ×/『青六』 96, 奇大升/『源國』 56, 奇大升/『源奎』 56, 奇大升/『源河』 51, 奇大升/『源六』 56, 奇大升/『源佛』 56, 奇大升/『源朴』 55, 奇大升/『源皇』 55, 奇大升/『海樂』 58, 奇大升/『源가』 41, 奇大升/『源一』 55, 奇大升/『協律』 53, 奇大升/『花樂』 51,『三家樂府』 奇大升/『時全』 3253/『時大』 4617

白光勳 號 玉高

75

五世讐 갑흔 後에 業을 닐워
三萬戶 辭讓ᄒᆞ고 赤松子 됴차 가니
아마도 見機高蹈ᄂᆞᆫ 子房인가 ᄒᆞ노라.

註解) 五世讐=오세에 걸친 원수. 金刀의 業=劉邦이 한나라를 세운 일. 見機高蹈=낌새를 알고 은거함. 子房=張子房

『瓶歌』 195, 白光勳/『青六』 98, 白光勳/『東歌』 75, 白光勳/『大東』 75, 白光勳/『時全』 2081/『時大』 2948

韓濩石峯宣廟朝活人別提以筆名於世

76

집 方席 내지 마라 落葉에라 타 못 안즈랴

솔불 혀지 마라 어제 진돌 도다 온다

아희야 薄酒山菜ㄹ 만졍 업다 말고 내여라.(咏)

註解) 집 方席=짚으로 만든 방석. 솔불=관솔 불. 혀지=켜지. 도다=돋아. 薄酒山菜=막걸리와 산나물.

『甁歌』199, 韓濩/『靑珍』319, ×/『海一』323, ×/『詩歌』446, ×/『樂서』291, ×/『靑洪』259, ×/『靑가』336, ×/『靑詠』165, 石峯韓濩/『東國』150, ×/『古今』150, ×/『槿樂』187, ×/『靑六』160, 韓濩/『歌寶』167, ×/『永類』34, ×/『時調』52, ×/『東歌』76, 韓濩石峯宣廟朝活人別提以筆名於世/『源國』422, ×/『源奎』422, ×/『源河』411, ×/『源六』414, ×/『源佛』416, ×/『源朴』408, ×/『源皇』405, ×/『海樂』412, ×/『源가』209, ×/『源一』409, ×/『源東』421, ×/『協律』407, ×/『花樂』428, ×/『南太』99, ×/『詩餘』57, 韓濩/『大東』93, 石峯韓濩/『三家樂府』, ×/『時全』2701/『時大』3813

高敬命 霽峯

77

보거든 뿔뢰거나 못 보거든 닛치거나

네 나지 말거나 닉 너롤 모로거나

출ᄒ로 닉 몬져 싀어져 네 그리게 ᄒ리라.(思)

註解) 뿔뢰거나=싫고 밉거나. 닛치거나=잊혀 지거나. 모로거나=모르거나. 몬져=먼저. 그리게=그리워하게.

『甁歌』 512, 高敬命/『樂서』 387, ×/『東國』 310(312), 高敬命 號 霽峯. 高敬命/『古今』 243, ×/『槿樂』 258, ×/『靑六』 437, ×/『歌寶』 53, ×/『永類』 40, ×/『興比』 88, ×/『東歌』 77, 高敬命 霽峯/『源國』 406, ×/『源奎』 406, ×/『源河』 399, ×/『源六』 390, ×/『源佛』 392, ×/『源朴』 392, ×/『源皇』 389, ×/『海樂』 396, ×/『源一』 395, ×/『源東』 401, ×/『協律』 391, ×/『花樂』 414, ×/『南太』 116, ×/『大東』 141, 失名氏/『時全』 1256/『時大』 1791

78

秦淮에 ᄇᆡ를 ᄆᆡ고 酒家로 나려 가니

隔江商女ᄂᆞᆫ 亡國恨을 모로고셔

밤듕만 寒水에 月籠 ᄒᆞᆯ 제 後庭花만 ᄒᆞ더라.

註解) 秦淮=강소성에 근원을 두고 남경시에 흘러드는 강으로 옛 남경의 花柳 地帶임. 酒家=술집. 隔江商女=강 건너에 있는 상녀. 모로고셔=모르고서. 烟籠水=연기는 물 위에 어리고. 月籠沙=달빛은 모래 위에 비치다. 後庭花=악곡의 이름, 중국 宣帝의 아들 陳後主가 지음.

『甁歌』 21, ×/ 『海一』 416, ×/ 『詩歌』 413, ×/ 『樂서』 365, ×/ 『靑가』 446, ×/ 『靑詠』 12, ×/ 『東國』 281, ×/ 『靑淵』 232, ×/ 『靑六』 10, 高敬命號霽峯字而順明廟參判/ 『歌寶』 96, ×/ 『興比』 198, ×/ 『東歌』 78, 高敬命/ 『源國』 11(669(4)), 鄭逑字號寒江宣祖朝壬辰亂時除通川郡守封物膳於嘉山郡此時上御嘉山郡之時, ×/ 『源奎』 11(668(4)), 鄭逑字號寒江宣祖朝壬辰亂時除通川郡守封物膳於嘉山郡此時上御嘉山郡之時, ×/ 『源河』 11(661), 鄭逑字號寒江宣祖朝壬辰亂時除通川郡守封物膳於嘉山郡此時上御嘉山郡之時, ×/ 『源六』 11(630(4)), 鄭逑字號寒江宣祖朝壬辰亂時除通川郡守封物膳於嘉山郡此時上御嘉山郡之時, ×/ 『源佛』 11(635(4)), 鄭逑字號寒江宣祖朝壬辰亂時除通川郡守封物膳於嘉山郡此時上御嘉山郡之時, ×/ 『源朴』 11(541(4)), 鄭逑字號寒江宣祖朝壬辰亂時除通川郡守封物膳於嘉山郡此時上御嘉山郡之時, ×/ 『源皇』 11(526(4)), 鄭逑字號寒江宣祖朝壬辰亂時除通川郡守封物膳於嘉山郡此時上御嘉山郡之時, ×/ 『海樂』 11(662(4)), 鄭逑號寒江宣祖朝壬辰亂通川封物繕於嘉山御嘉邑山之時, ×/ 『源가』 11(319(4)), 鄭逑宣廟朝, ×/ 『源一』 11, 鄭逑宣廟朝除通川郡守/ 『源東』 11, 鄭逑字宣祖朝壬辰亂時除通川郡守封物膳於嘉山郡此時上御嘉山郡之時/ 『協律』 11(646(4)), 鄭逑號寒岡/ 『花樂』 11, ×/ 『女謠』 4, ×/ 『大東』 308, ×/ 『時全』 2699/ 『時大』 3809

李賢輔判中樞

79

오려 고기 속고 열무 술졋눈딕

낙시에 고기 물고 게는 조자 누리는고

아므도 農家의 興味는 이 뿐인가 ᄒᆞ노라.(咏)

註解) 오려=올벼. 일찍 익은 벼. 고기 숙고=고개 숙이고. 술졋눈듸=살졌는데. 農家興味=농촌의 즐거움.

『瓶歌』 594, ×/『青珍』 625, ×/『詩歌』 307, ×/『青가』 344, ×/『東國』 149, 李賢輔判中樞/『青淵』 140, ×/『青六』 407, ×/『歌寶』 158, ×/『興比』 354, ×/『東歌』 79, 李賢輔判中樞/『源國』 363, ×/『源奎』 363, ×/『源河』 356, ×/『源六』 342, ×/『源佛』 344, ×/『源朴』 353, ×/『源皇』 350, ×/『海樂』 355, ×/『源一』 352, ×/『源東』 352, ×/『協律』 350, ×/『花樂』 368, ×/『大東』 43, 李賢輔字棐仲號聾巖又號雪鬢翁淸白吏燕山時知中樞/『時全』 2073/『時大』 2937

李渘號水岳蔭仕縣令

80

子規야 우지 마라 우러도 속졀 업다
울거든 너만 우지 날을 어니 울니는다
아마도 네 쇼릐 드을 제면 가슴 알파 ᄒᆞ노라.(忠)

註解) 子規=두견. 날을=나를. 울니는다=울리느냐. 드을 제면=들을 때면. 가슴 알파=가슴 아파.

『瓶歌』 342, 李渘/『海周』 303, 李渘/『詩歌』 243, 李渘字仲久號岳樓景宗朝以蔭官至同綸縣監/『樂서』 58, 李渘號缶樓/『青洪』 202, 李渘蔭皮/『青가』 220, 小缶樓李渘/『青詠』 179, 李渘蔭皮/『東國』 276, ×/『青六』 214, 李渘號小岳樓完山人蔭縣監/『東歌』 80, 李渘號水岳蔭仕縣令/『源國』 276, 李渘字號小岳樓肅宗朝縣監/『源奎』 416, 李渘字號小岳樓肅宗朝縣監/『源河』 404, 李渘字號小岳樓肅宗朝縣監/『源六』 402, 李渘號小岳樓肅宗朝縣監/『源佛』 404, 李渘號小岳樓肅宗朝縣監/『源朴』 402, 金渘號小岳樓/『源皇』 399, 李渘號小岳樓肅宗朝縣監/『海樂』 406, 李渘號小岳樓肅宗朝縣監/『源가』 207, ×/『源一』 404(571), ×/『源東』 410, 李渘字號小岳樓肅宗朝縣監/『協律』 401, 李渘號小岳樓肅宗時人/『花樂』 423, ×/『南太』 76, ×/『三家樂府』 ×/『時全』 2469/『時大』 3492

李彥迪 晦齋中宗朝 贊成

81

天覆 地載ᄒᆞ니 萬物의 父母ㅣ로다

父生 母育ᄒᆞ니 이 나의 天地로다

天地恩父母의 德을 못닉 갑파 ᄒᆞ노라.(孝)

註解) 天覆 地載=하늘이 감싸 두고 땅이 실어 줌. 父生 母育=아버니는 나를 만들고 어머니는 기르니. 즈음=사이. 뉘=때. 天地恩父母=천지간 부모의 은혜.

『瓶歌』 95, 李彥迪/『海一』 34, 李彥迪/『海周』 34, 李彥迪/『詩歌』 49, 李彥迪/『青洪』 59, 李彥迪/『青가』 202, 李彥迪/『青詠』 197, 李彥迪/『東歌』 81/『青六』 66, 李彥迪/『時全』 2764/『時大』 3900

洪暹 忍齋 中宗朝 領相

82

玉을 돌이라 ᄒᆞ니 애돏고 애들래라

博物君子ᄂᆞᆫ 아ᄂᆞᆫ 法 잇것마ᄂᆞᆫ

알고도 모르ᄂᆞᆫ 쳬ᄒᆞ니 그를 슬허 ᄒᆞ노라.(慨)

註解) 애돏고=애닯프고. 애ᄃᆞ래라=애닯구나. 슬허=슬퍼.

『瓶歌』 176, 洪暹/『海一』 36, 洪暹/『海周』 37, 洪暹/『詩歌』 52, 洪暹/『青洪』 62, 洪暹/『青가』 200, 洪暹/『青詠』 199, 洪暹/『青六』 99, ×/『永類』 142, ×/『興比』 299, 洪暹/『東歌』 882, 洪暹/『源國』 427, 洪暹/『源奎』 427, 洪暹/『源河』 426, 洪暹/『源六』 408, 洪暹/『源佛』 410, 洪暹/『源朴』 412, 洪暹/『源皇』 410, 洪暹/『海樂』 416, 洪暹/『源一』 414, 洪暹/『源東』 416, 洪暹/『協律』 412, 洪暹/『花樂』 432, 洪暹/『時全』 2115/『時大』 2992

宋純 俛仰亭 中宗朝 判中樞

83

風霜이 섯거 친 날에 갓픠는 黃菊花를
金盆에 ᄀ득 다마 玉堂에 보내오니
桃李야 곳인 체 마라 님의 뜻을 알괘라.

註解) 風霜=바람과 서리. 섯거 친=섞여 친. 갓픠는=갓 핀. 金盆=금으로 만든 화분. 알괘라=알겠도다.

『松星』 64, 鄭澈/『甁歌』 94, 宋純/『靑珍』 417, ×/『海一』 49, 宋純/『海周』 50, 宋純/『詩歌』 65, 宋純/『靑洪』 75, 宋純/『靑가』 487, 宋純/『靑詠』 200, 宋純/『槿樂』 56, ×/『靑六』 93, 宋純/『永類』 95, ×/『興比』 339, ×/『東歌』 83, 宋純/『源國』 249, 宋純/『源奎』 249, 宋純/『源河』 230, ×/『源六』 352, 宋純/『源佛』 354, 宋純/『源朴』 237, 宋純/『源皇』 235, 宋純/『海樂』 239, 宋純/『源一』 244, 宋純/『源東』 235, 宋純/『協律』 238, 宋純/『花樂』 241, ×/『時全』 3111/『時大』 4423

金光煜竹所

84

細버들 柯枝 것거 낙근 고기 쒜여 들고

술집을 ᄎᆞᄌᆞ리라 短橋로 것너가니

그곳에 杏花 져 눌니니 아모된 줄 몰내라.(咏)

註解) 것거=꺾어. 쒜여 들고=꿰어 들고. ᄎᆞᄌᆞ리라=찾으리라. 短橋=짧은 다리. 것어가니=건너가니. 杏花=살구꽃.

『甁歌』 252, 金光煜/『靑珍』 160, 竹所金光煜/『海一』 156, 金光煜/『海周』 161, 金光煜/『詩歌』 169, 金光煜/『樂서』 44, 金光煜/『靑가』 152, 竹所金光煜/『靑詠』 93, 竹所金光煜/『東國』 168, 金光煜/『古今』 114, ×/『槿樂』 132, ×/『靑淵』 170, ×/『靑六』 139, 金光煜/『歌寶』 102, ×/『永類』 144, ×/『興比』 418, ×/『東歌』 84, 金光煜竹所/『源國』 286, ×/『源奎』 286, ×/『源河』 284, ×/『源六』 274, 金光煜/『源佛』 276, 金光煜/『源朴』 275, ×/『源皇』 272, ×/『海樂』 277, ×/『源가』 150, ×/『源一』 279, ×/『源東』 281, 金光煜字號/『協律』 275, ×/『花樂』 291, ×/『大東』 9, 金光煜竹所/『時全』 1606/『時大』 2283

85

言忠信 行篤敬ᄒᆞ고 酒色을 삼가ᄒᆞ면

내 몸에 病 업고 남 아니 우이ᄂᆞ니

行ᄒᆞ고 餘力이 닛거든 學文 조ᄎᆞ ᄒᆞ리라.(意)

註解) 言忠信 行篤敬=언행이 성실함을 이름. 삼가ᄒᆞ면=삼가하면. 남=남을. 우이ᄂᆞ니=미워하니. 行ᄒᆞ고 餘力이 닛거든 學文 조ᄎᆞ ᄒᆞ리라=인간이 해야 할 도리를 다하고도 여력이 있으면 글도 배우리라.

『瓶歌』629, ×/『青珍』432, ×/『詩歌』293, ×/『青가』491, ×/『青詠』390, ×/『東國』45, 金光煜/『古今』21, ×/『槿樂』18, ×/『青六』142, 金光煜/『東歌』85, 金光煜竹所/『源國』26, 成石磷字自修號獨谷昌寧人恭愍王時登弟入我朝官至領相動功昌寧府院君謚文景公/『源奎』26, 成石磷字自修號獨谷昌寧人恭愍王時登弟入我朝官至領相動功昌寧府院君公/『源河』22, 成石磷字自修號獨谷昌寧人恭愍王時登弟入我朝官至領相動功昌寧府院君謚文景公/『源六』24, 成石磷字自修號獨谷昌寧人恭愍王時登弟入我朝官至領相動功昌寧府院君謚文景公/『源佛』24, 成石磷字自修號獨谷昌寧人恭愍王時登弟入我朝官至領相動功昌寧府院君謚文景公/『源朴』25, 成石磷字自修號獨谷昌寧人恭愍王時登弟入我朝官至領相動昌寧府院君謚文景公/『源皇』25, 成石磷字自修號獨谷昌寧人恭愍王時登弟入我朝官至領相動功昌寧府院君謚文景公/『海樂』27, 成石璘字自修號獨谷昌寧人恭愍王時登弟入我朝官至領相動功昌寧府院君謚文景公/『源가』22, 成石獜/『源一』26, 成石磷昌寧府院君/『源東』24, 成石磷字自修號獨谷昌寧人恭愍王時登弟入我朝官至領相動功昌寧府院君公/『協律』24, 成石璘號獨谷/『花樂』22, 成石璘/『大東』10, 金光煜/『永類』181, ×/『興比』370, ×/『時全』1991/『時大』2826

86

ᄃᆡ 막대 너을 보니 有信ᄒᆞ고 반가와라

나이 兒孩 적의 너를 ᄐᆞ고 ᄃᆞ니더니

이 後란 窓 밧긔 셔잇다가 날 뒤 셰이고 ᄃᆞᆫ녀라.

註解) ᄃᆡ 막대=대 막대. 반가와라=반갑구나. 나이=감탄사. 兒孩 적=아이 때. 날 뒤 셰이고=날 뒤에 세우고. 대나무 지팡이를 짚으며 걷고 있는 것으로 늙은 자신의 모습을 의미. ᄃᆞᆫ녀라=다녀라.

『瓶歌』 262, 金光煜/『靑珍』 156, 竹所金光煜/『海一』 154, 金光煜/『海周』 158, 金光煜/『詩歌』 167, 金光煜/『樂서』 91, 金光煜/『靑洪』 167, 金光煜/『東國』 39, 金光煜/『靑淵』 16, 半癡/『靑六』 137, 金光煜/『歌寶』 32, ×/『興比』 340, ×/『東歌』 86, 金光煜/『源國』 110, 金光煜字時而號竹所/『源奎』 110, 金光煜字時而號竹所/『源河』 99, 金光煜/『源六』 103, 金光煜字時而號竹所/『源佛』 103, 金光煜字時而號竹所/『源朴』 103, 金光煜字時而號竹所/『源皇』 102, 金光煜字時而號竹所/『海樂』 103, 金光煜字時而號竹所/『源一』 108, 金光煜/『源東』 101, 金光煜字時而號竹所/『協律』 102, 金光煜/『花樂』 104, 金光煜/『時全』 816/『時大』 1156

洪翼漢仁祖朝丙子胡亂與吳斥和幷被執于淸孝宗朝贈三學士祀漢南

87

首陽山 ᄂᆞ린 물이 夷齊의 怨淚되야

晝夜不息고여 흘여 흘 우는 뜻은

至今히 爲國忠誠을 못 닉 슬허 ᄒᆞ노라.(忠)

註解) 首陽山=백이와 숙제가 들어간 산. 夷齊=伯夷와 叔齊를 이름. 晝夜不息=밤낮으로 쉬지 않고. 여흘=여울. 爲國忠誠=나라를 위하는 충성스런 마음.

『甁歌』 265, 洪翼漢/『靑가』 414, ×/『東國』 232, ×/『靑淵』 40, ×/『靑六』 181, 洪翼漢丙子胡亂與吳達濟尹集斥和而三人並被執于淸遂遇害孝廟朝追贈三學士/『東歌』 87, 洪翼漢仁祖朝丙子胡亂與吳斥和幷被執于淸孝宗朝贈三學士祀漢南/『源國』 387, 洪翼漢字 三學士/『源奎』 387, 洪翼漢字 三學士/『源河』 379, 洪翼漢南陽人丙子胡亂入瀋陽死三學士/『源六』 374, 洪翼漢字號 三學士/『源佛』 376, 洪翼漢字號 三學士/『源朴』 375, 洪翼漢三學士/『源皇』 372, 洪翼漢三學士/『海樂』 377, 洪翼漢三學士/『源一』 376, 洪翼漢三學士/『源東』 380, 洪翼漢字號三學士/『協律』 372, 洪翼漢三學士/『花樂』 396, 洪翼漢/『시철가』 33, ×/『時全』 1701/『時大』 2433

林慶業仁廟朝平安兵使丙子講和後不屈於靑

88

拔山力 盖世氣는 楚伯王의 버금이오

秋霜節 烈日忠은 伍子胥의 우히로다

千古에 烈丈夫風은 壽亭候신가 ᄒᆞ노라.(述)

註解) 拔山力 盖世氣=산을 뽑을 만한 힘과 세상을 덮을 만한 기상. 항우를 가리킴. 楚覇王=항우. 버금=다음. 秋霜節烈日忠=至嚴한 충절. 추상같은 절의와 햇빛처럼 뜨거운 충성. 五子胥=춘추 전국시대 楚나라 사람. 壽亭候=관우.

『甁歌』 271, 林慶業/『詩歌』 490, ×/『樂서』 333, ×/『靑詠』 281, 林慶業/『東國』 111, 林慶業仁廟朝平安兵使丙子講和後不屈於靑/『靑六』 182, 林慶業武兵丙子講和後不屈於淸/『興比』 323, ×/『東歌』 88, 林慶業仁廟朝平安兵使丙子講和後不屈於靑/『源國』 107, 林慶業字英伯仁祖朝兵使東國名將·入授大國有動/『源奎』 107, 林慶業字英伯仁祖朝兵使東國名將·入授大國有動/『源河』 96, 林慶業字英伯仁祖朝兵使三國名將/『源六』 101, 林慶業字英伯仁祖朝兵使/『源佛』 101, 林慶業字英伯仁祖朝兵使/『源朴』 100, 林慶業字英伯仁祖朝兵使/『源皇』 99, 林慶業字英伯仁祖朝兵使/『海樂』 103, 林慶業/『源가』 70, 林慶業/『源一』 105, 林慶業東國名將/『源東』 99, 林慶業字英伯仁祖朝兵使/『協律』 99, 林慶業仁祖朝兵使/『花樂』 101, 林慶業/『南太』 169, ×/『詩餘』 86, ×/『大東』 103, 林慶業仁祖朝平安兵使忠愍公/『時全』 1153/『時大』 1641

李明漢號白洲仁廟朝爲南漢守節宣川府使李炷亡人淸評本國事情淸執明漢囚潘陽獄經年乃釋還

89

울며 잡은 ᄉᆞᄆᆡ 쑥 썰치고 ᄀᆞ지 마소

草園 長堤에 히 다 져무런닉

客窓에 殘燈을 도도고 안ᄌᆞ보면 알니라.(述)

註解) 잡은=잡은. ᄉᆞᄆᆡ=소매자락. 저무런닉=저물었네. 客牕=旅牕. 殘燈=꺼져가는 등잔불. 도도고=돋우고. 안ᄌᆞ보면=앉아보면.

『甁歌』 190, 李明漢/『詩歌』 431, ×/『樂서』 379, ×/『靑洪』 276, ×/『靑가』 390, ×/『靑詠』 292, ×/『東國』 143, 李明漢號白洲仁廟朝爲南朝守節宣川府使李炷亡人靑許本國事執明漢囚潘獄經年乃釋/『槿樂』 245, ×/『靑淵』 137, ×/『靑六』 187, 李明漢/『歌寶』 134, ×/『興比』 238, ×/『東歌』 89, 李明漢號白洲仁廟朝爲南漢守節宣川府使李炷亡人淸評本國事情淸執明漢囚潘陽獄經年乃釋還/『源國』 756(296), ×, 金明漢/『源奎』 296(755), 金明漢, ×/『源河』 291(753), 金明漢字天章號白洲仁祖朝臣爲南朝守節宣川府使亡人情訴本國陰事淸執明漢囚潘獄經年乃釋還官至文衡, ×/『源六』 286(717), 李明漢金明漢字天章號白洲仁祖朝臣爲南朝守節宣川府使亡人情訴本國陰事淸執明漢囚潘獄經年乃釋還官至文衡, 李明漢/『源佛』 288(288), 金明漢金明漢字天章號白洲仁祖朝臣爲南朝守節宣川府使亡人情訴本國陰事淸執明漢囚潘獄經年乃釋還官至文衡, 李明漢字天章號白洲仁祖朝文衡月沙之子/『源皇』 281(281), 金明漢, ×/『源朴』 284(627), 金明漢字天章號白洲, ×/『海樂』 286(764), 金明漢字天章號白洲延安人, ×/『源가』 368(53), ×/『源一』 287, 金明漢仁祖時文衡/『源東』 294, 金明漢金明漢字天章號白洲仁祖朝臣爲南朝守節宣川府使亡人情訴本國陰事淸執明漢囚潘獄經年乃釋還官至文衡/『協律』 728(284), ×, 李明漢號白洲/『花樂』 300, 金明漢/『女謠』 87, ×/『歌謠』 8, ×/『大東』 101, 李明漢/『三家樂府』 ×/『時全』 2209/『時大』 3115

90

綠水 靑山 기픈 골에 靑藜緩步 들어 가니

千峰의 白雲이오 萬壑에 烟霧로다

이 곳지 景槩 됴흐나 예와 놀녀 ᄒᆞ노라.(意)

註解) 靑藜緩步=푸른 명아주 지팡이를 짚고 천천히 걸음. 千峰·萬壑=수많은 봉우리와 골짜기. 烟霧=저녁 연기와 안개. 예와=여기 와서.

『甁歌』 569, ×/『詩歌』 230, 李宜顯/『靑가』 214, 李宜顯/『靑詠』 378, ×/『靑淵』 248, ×/『靑六』 184, 李宜顯/『歌譜』 111, ×/『永類』 86, ×/『興比』 417, ×/ 『東歌』 90, 李明漢號白洲仁廟朝爲南漢守節宣川府使李烓亡人淸評本國事情淸執明漢囚潘陽獄經年乃釋還/『源國』 117, ×/『源河』 106, ×/『源六』 108, ×/『源佛』 108, ×/『源朴』 110, ×/『源皇』 109, ×/『源가』 77, ×/『源一』 115, ×/『源東』 107, ×/『協律』 109, ×/『花樂』 111, ×/『女謠』 43, ×/『歌謠』 16, ×/『大東』 181, ×/『時全』 640/『時大』 904

91

새뼐 지쟈 죵다리 쩌다 호믜 메고 사립 나니

긴 수풀 찬 이슬에 뵈잠방이 다 젓거다

두어라 時節이 됴흘션졍 옷 젓즌 들어가니리.

註解) 새뼐=샛별. 호믜=호미. 사립=사립문. 뵈잠방이=베로 만든 짐방이. 다 젓거다=다 젖는구나. 됴흘션졍=좋기만 하다면야.

『瓶歌』 394, 李在/『樂서』 158, 李在/『靑六』 185, 李明漢/『東歌』 91, 李明漢/『源國』 90, 李明漢/『源河』 84, 李明漢/『源六』 87, 李明漢/『源佛』 87, 李明漢/『源朴』 85, 李明漢/『源皇』 84, 李明漢/『海樂』 90, 李明漢/『源가』 60, 李明漢/『源一』 89, 李明漢/『源東』 86, 李明漢/『協律』 83, 李明漢/『花樂』 79, 李明漢/『時全』 1516/『時大』 2161

92

楚江 魚父들아 고기 낙가 숨지 마라

屈三閭 忠魂이 魚腹裡에 드러ᄂᆞ니

아모리 鼎鑊에 술문들 니글 줄이 이시랴.(慨)

註解) 숨지=삶지. 屈三閭 忠魂=三閭大夫를 지낸 굴원을 가리킴. 魚腹裡=고기의 뱃속. 鼎鑊=큰 솥, 형구로도 썼음. 술문들=삶은들. 니글=익을.

『瓶歌』 677, ×/『青珍』 388, ×/『海一』 427, ×/『詩歌』 434, ×/『樂서』 303, ×/『青가』 416, ×/『東國』 248, ×/『古今』 35, ×/『槿樂』 41, ×/『青六』 185, 李明漢/『歌寶』 75, ×/『興比』 351(249), ×/『時調』 4, ×/『東歌』 92, 李明漢號白洲仁廟朝爲南漢守節宣川府使李烓亡人清評本國事情清執明漢囚瀋陽獄經年乃釋還/『源國』 766(101), ×/『源奎』 765(101), ×/『源河』 762(105), ×/『源六』 722(96), ×/『源佛』 727(96), ×/『源朴』 637(100), ×/『源皇』 623(101), ×/『海樂』 774(116), ×/『源가』 375(60), ×/『協律』 737(95), ×/『女謠』 94, ×/『南太』 11, ×/『詩餘』 9, ×/『歌謠』 10, ×/『歌謠』 10, ×/『詩謠』34, ×/『三家樂府』 ×/『松別』 57, 鄭澈/『時全』 2918/『時大』 4114

93

寂無人 掩重門ᄒᆞᆫ듸 滿庭 花落 月明時라

獨倚紗窓ᄒᆞ여 長歎息 ᄒᆞᄂᆞᆫ 次의

遠村에 一鷄 鳴ᄒᆞ니 익 긋ᄂᆞᆫ 둣 ᄒᆞ여라.(思)

註解) 寂無人 掩重門=중문을 닫으니 사람의 인적이 없어 쓸쓸함. 滿庭 花落 月明時=뜰에 가득 꽃잎이 지고, 따마침 달이 밝은 때. 獨倚紗窓=혼자서 사창에 기대어 서 있음. 長歎息=길게 한숨을 쉼. ᄒᆞᄂᆞᆫ 次=하던 때에. 익=창자.

『甁歌』 698, ×/ 『樂서』 304, ×/ 『靑가』 480, ×/ 『靑詠』 325, ×/ 『古今』 204, ×/ 『槿樂』 238, ×/ 『靑六』 906, 李明漢/ 『歌譜』 354, ×/ 『永類』 354, ×/ 『興比』 206, ×/ 『東歌』 93, 李明漢/ 『調詞』 60, ×/ 『源國』 704, ×/ 『源奎』 703, ×/ 『源河』 697, ×/ 『源六』 662, ×/ 『源佛』 667, ×/ 『源朴』 572, ×/ 『源皇』 558, ×/ 『海樂』 699, ×/ 『源가』 341, ×/ 『協律』 678, ×/ 『女謠』 37, ×/ 『南太』 2, ×/ 『詩餘』 2, ×/ 『歌謠』 36, ×/ 『詩謠』 19, ×/ 『大東』 100, 李明漢/ 『時全』 2566/ 『時大』 3594

94

西山에 日暮ᄒᆞ니 天地 가히 업다

梨花에 月白ᄒᆞ니 님 生覺이 새로왜라

杜鵑아 너ᄂᆞᆫ 누을 그혀 밤ᄉᆡ도록 우니너니.(忠)

註解) 가히=끝이. 새로왜라=새롭구나. 누을=누구를. 우니너니=우느냐.

『甁歌』 396, ×/『樂서』 283, ×/『青詠』 366, ×/『青六』 923, 李明漢/『永類』 150, ×/『興比』 220, ×/『東歌』 94, 李明漢/『源國』 257, ×/『源奎』 738, ×/『源河』 255, ×/『源六』 238, ×/『源佛』 699, ×/『源朴』 246, ×/『源皇』 244, ×/『海樂』 248, ×/『源가』 139, ×/『源一』 252, ×/『源東』 251, ×/『協律』 246, ×/『花樂』 263, ×/『女謠』 71, ×/『歌謠』 25, ×/『詩謠』 93, ×/『大東』 205, ×/『時全』 1540/『時大』 2203

95

半남아 늙게시니 다시 졈든 못 ᄒᆞ여도

이 後ㅣ나 늙지 말고 每様 이만 ᄒᆞ엿고져

白髮이 네 짐작ᄒᆞ여 더듸 늙게 ᄒᆞ여라.(老)

註解) 늙게시니=늙었으니. 졈든=젊든. ᄒᆞ엿고져=하여 있고 싶구나. 더듸=더디게.

『甁歌』 563, ×/『青珍』 351, ×/『海一』 372, ×/『詩歌』 314, ×/『青洪』 266, ×/『青가』 370, ×/『青詠』 336, 李明漢號白湖/『東國』 95, ×/『古今』 102, ×/『槿樂』 116, ×/『青淵』 26, ×/『青六』 183, 李明漢/『歌寶』 20, ×/『興比』 39, ×/『時調』 9, ×/『東歌』 95, 李明漢/『源國』 312, ×/『源奎』 312, ×/『源河』 308, ×/『源六』 291, ×/『源佛』 293, ×/『源朴』 299, ×/『源皇』 296, ×/『海樂』 301, ×/『源가』 164, ×/『源一』 304, ×/『源東』 306, ×/『協律』 299, ×/『花樂』 320, ×/『南太』 16, ×/『詩餘』 13, 李明漢/『大東』 99, /『三家樂府』, ×/『孫氏隨見錄』 30, ×/『時全』 1146/『時大』 1632

金尙容 仙源 仁祖朝 領敦寧 丙子胡亂 江都將帥

96

ᄉᆞ랑이 거즛말이 님 날 사랑 거즛말이

꿈에 와 뵈단 말이 긔 더욱 거즛말이

날 ᄀᆞᆺ치 좀 아니 오면 어늬 꿈에 뵈리오.(忠)

註解) 거즛말=거짓말. 뵈단 말이=보인다는 말이. 긔=그것이.

『甁歌』219, 金尙容/『靑珍』369, ×/『海一』385, ×/『詩歌』406, ×/『靑가』388, ×/『靑六』168, 金尙容/『歌譜』182, 金尙容/『東歌』96, 金尙容/『源國』764, 金尙容/『源河』760, ×/『源六』720, ×/『源佛』725, ×/『源朴』635, ×/『源皇』621, ×/『海樂』772, ×/『源가』373, ×/『源一』659, ×/『協律』735, ×/『女謠』99, ×/『大東』96, 金尙容/『三家樂府』仙源金/『時全』1405/『時大』1991

97

金爐에 香盡ᄒᆞ고 漏聲이 殘ᄒᆞ도록

어듸가 이셔 뉘 ᄉᆞ랑 밧치다가

月影이 上欄干키야 脉 바들아 왓ᄂᆞᆫ이.(意)

註解) 金盧＝금으로 만든 향로. 香盡＝향이 다 타버리고. 漏聲＝물방울 떨어지는 소리. 殘ᄒᆞ도록＝다해지도록. 이셔＝있어. 밧치다가＝받다가. 月景이 上欄干키야＝달 그림자가 난간 위에 올라서야. 脉 바들아＝남의 속을 헤아리려고. 왓ᄂᆞᆫ이＝왔느니.

『瓶歌』 221, 金尙容/『青珍』 366, ×/『詩歌』 325, ×/『樂서』 340, ×/『青洪』 272, ×/『青가』 385, ×/『青詠』 291, ×/『東國』 94, ×/『槿樂』 276, ×/『青淵』 37, 半癡/『青六』 918, 金尙容/『歌寶』 133, ×/『興比』 218, ×/『東歌』 97, 金尙容/『源國』 723(58), ×/『源奎』 722(58), ×/『源河』 714, ×/『源六』 678(52), 金尙容/『源佛』 683(52), 金尙容/『源朴』 587(50), ×/『源皇』 573(51), ×/『海樂』 718(60), ×/『源가』 353(38), ×/『協律』 694(52), ×, ×/『女謠』 53, ×/『詩謠』 23, ×/『三家樂府』, ×/『時全』 375/『時大』 533

98

말ᄒᆞ면 雜類라 ᄒᆞ고 말 아니면 어리다 ᄒᆞᄂᆡ

貧寒을 남이 웃고 富貴를 ᄉᆡ오ᄂᆞ니

아ᄆᆞ도 免ᄒᆞ기 어려을 쁜 是非런가 ᄒᆞ노라(慨)

註解) 雜類=점잖지 못한 잡된 무리. 어리다=어리석다. ᄉᆡ오ᄂᆞ니=시기하나니.

『甁歌』381, 朱義植/『青珍』224, 朱義植/『海一』273, 朱義植/『海周』280, 朱義植/『詩歌』468, ×/『樂서』142, 朱義植/『青가』243, 南谷朱義植/『青詠』102, 朱義植肅宗朝縣監/『東國』26, 金尙容/『槿樂』81, 金尙容/『青六』461, ×/『永類』97, ×/『東歌』98, ×/『源國』92, 金尙容/『源奎』92, 金尙容/『源河』86, 金尙容/『源六』89, ×/『源佛』89, 金尙容/『源朴』87, 金尙容/『源皇』86, 金尙容/『海樂』92, 金尙容/『源一』91, 金尙容/『源東』90, 金尙容/『協律』85, 金尙容/『花樂』87, 金尙容號仙源節江都仁祖朝右相 丁丑殉/『歌寶』45, ×/『大東』97, 金尙容/『時全』998/『時大』1431

李廷龜 月沙 仁祖朝 左相

99

님을 미들 것가 못 미들 슨 님이시라
미더 온 時節도 못 미들 줄 아라스라
미기야 어려오랴 아니 밋고 어니리.

註解) 미들=믿을. 못 미들 슨=못 믿을 것은. 아라스라=알았도다.

『甁歌』 179, 李廷龜/『靑珍』 104, 李廷龜/『海一』 117, 李廷龜/『海周』 119, 李廷龜/『詩歌』 125, 李廷龜/『樂서』 38, 李廷龜/『靑洪』 128, 李廷龜/『靑가』 107, 李廷龜/『靑詠』 209, 李廷龜/『靑六』 144, 李廷龜/『東歌』 99, 李廷龜/『源國』 765, ×/『源奎』 764, ×/『源河』 761, ×/『源六』 721, 李廷龜/『源佛』 726, 李廷龜/『源朴』 636, ×/『源皇』 622, ×/『海樂』 773, ×/『協律』 736, ×/『女謠』 100, ×/『大東』 12, ×/『時全』 734/『時大』 1034

鄭太和字囿春陽坡仁祖朝領相

100

술을 大醉케 하고 두렷시 안즈시니

億萬 시름이 가로라 下直훈다

아희야 盞 고쳐 부어라 시름 餞送 흐리라.(意)

註解) 두렷시=둥글게. 안즈시니=앉았으니. 시름=근심. 餞送=떠나 보냄.

『瓶歌』217, 鄭太和/『青珍』165, 陽坡鄭太和字囿春號陽坡仁祖朝登弟官至領相謚翼憲/『海一』160, 鄭太和字囿春號陽坡仁祖朝領議政/『海周』165, 鄭太和/『詩歌』176, 鄭太和字囿春號陽坡東華人仁祖朝登弟典文衡官至領相謚翼憲公/『樂서』46, 鄭太和號陽坡孝廟領相/『青洪』172, 鄭太和字囿春號陽坡孝宗朝領相/『青가』157, 陽坡鄭太和仁祖朝登第官至首相/『青詠』99, 陽坡鄭太和字囿春東華人仁祖朝拜相/『東國』123, 鄭太和字圃春仁祖朝領相/『古今』179(183), ×/『槿樂』206, ×/『青六』171, 鄭太和號陽坡字囿春東華人仁祖朝領相謚翼憲/『興比』91, 陽坡/『時調』81, ×/『東歌』100, 鄭太和字囿春陽坡仁祖朝領相/『源國』334, 鄭太和字囿春號陽坡仁祖朝領相謚翼憲公/『源奎』334, 鄭太和字囿春號陽坡仁祖朝領相謚翼憲公/『源河』330, 鄭太和字囿春號陽坡仁祖朝領相謚翼憲公/『源六』312, 鄭太和字囿春號陽坡仁祖朝領相謚翼憲公/『源佛』314, 鄭太和字囿春號陽坡仁祖朝領相謚翼憲公/『源朴』321, 鄭太和字囿春號陽坡仁祖朝領相謚翼憲公/『源皇』318, 鄭太和字囿春號陽坡仁祖朝領相謚翼憲公/『海樂』323, 鄭太和字囿春號陽坡仁祖朝領相謚翼憲公/『源가』170, ×/『源一』325, 鄭太和仁祖時領相/『源東』327, 鄭太和字囿春號陽坡仁祖朝領相謚翼憲公/『協律』321, 鄭太和號陽坡仁祖朝謚憲公/『花樂』343, 鄭太和/『南太』161, ×/『歌謠』42, ×/『大東』98, 鄭太和字囿春號陽坡領議政翼憲公/『三家樂府』南坡鄭相公/『歌寶』68, ×/『時全』1740/『時大』2477

鄭斗卿 字 囿春陽坡 仁祖朝 領相

101

君平이 旣棄世ᄒᆞ니 世亦棄君平이라

醉狂은 上之上이오 功名은 更之更이라

다만지 淸風明月은 간곳마다 ᄌᆞᆺ닌다.(忠)

註解) 君平이 旣棄世ᄒᆞ니=군평이 이미 세상을 떠났으니. 군평은 작자 정두경의 호, 또는 중국 한나라 엄준의 호. 世亦棄君平을=세상 또한 군평을 버리는 것을. 醉狂은 上之上이오=취하여 쌍을 잊는 것이 상책이고. 時事ᄂᆞᆫ 更之更이라=시속 인사는 바뀌고 또 바뀌는구나. ᄌᆞᆺ닌다=좇아 다닌다.

『瓶歌』 215, 鄭斗卿/『靑珍』 167, 鄭斗卿/『海一』 215, 鄭斗卿/『海周』 220, 鄭斗卿/『詩歌』 180, 鄭斗卿/『樂서』 95, 鄭斗卿/『靑洪』 175, 鄭斗卿/『靑가』 159, 鄭斗卿/『靑詠』 450, 鄭斗卿/『靑六』 515, 鄭斗卿/『東歌』 101, 鄭斗卿/『源國』 274, 鄭斗卿/『源奎』 274, 鄭斗卿/『源河』 272, 鄭斗卿/『源六』 260, 鄭斗卿/『源佛』 262, 鄭斗卿/『源朴』 263, 鄭斗卿/『源皇』 261, 鄭斗卿/『海樂』 265, 鄭斗卿/『源東』 269, 鄭斗卿/『協律』 263, 鄭斗卿/『花樂』 279, 鄭斗卿/『時全』 326/『時大』 459

曺漢英 晦谷 仁祖朝參判

102

樂遊原 빗긴 날에 昭陵을 ᄇᆞ라보니
白雲 깁흔 곳에 金粟堆 보기 섧다
어늬 제 이 몸이 도라가 다시 뫼셔 놀려뇨.

註解) 樂遊原=중국 협서성 장안현 남쪽에 있는 한의선제가 표우를 세운 곳임. 昭陵=당태종의 능. 金粟堆=중국 포성현 동북으로 200리 떨어진 곳에 있는 산의 이름으로 당명황의 능이 있음. 섧다=슬프구나. 어늬 제=어느 때.

『甁歌』 272, 曺漢英/『海一』 218, 曺漢英/『海周』 223, 曺漢英/『詩歌』 185, 曺漢英/『靑가』 2095, 曺漢英/『靑詠』 215, 曺漢英/『東歌』 102, 曺漢英/『源國』 432, 曺漢英/『源奎』 432, 曺漢英/『源河』 421, 曺漢英/『源朴』 417, 曺漢英/『源皇』 415, 曺漢英/『海樂』 422, 曺漢英/『源一』 419, 曺漢英/『源東』 426, 曺漢英/『協律』 417, 曺漢英/『花樂』 437, 曺漢英/『時全』 437/『時大』 672

李浣字淸之仁祖朝武科大將孝宗拜相

103

群山을 削平턴들 洞庭湖ㅣ 너를 낫다

桂樹를 버혀던들 ᄃᆞ리 더옥 ᄇᆞᆰ을 낫다

뜻두고 일우지 못 ᄒᆞ니 글을 셜워 ᄒᆞ노라.(慨)

註解) 削平=깎아 평평하게 하는 것. 너를 낫다=넓을 것이로다. 桂樹=달 속에 있는 나무. 버혀던들=베었던들. ᄇᆞᆰ을=밝을. 일우지=이루지.

『甁歌』268, 李浣/『青珍』169, 李浣字淸之仁祖朝武科至孝廟朝官至右相/『海周』225, 李浣/『詩歌』178, 李浣字淸之慶州人仁祖朝登武科官至右相當世度量/『樂서』49(374), 李浣孝廟右相, ×/『青洪』179, 李浣字淸之孝廟朝武相貞翼公/『青가』161, 李浣孝廟朝武科官至右相/『青詠』100, 李浣字淸之仁祖朝武科大將孝宗拜相/『東國』187, 李浣李浣 字 淸之 仁廟朝 大將 孝廟朝 右相/『槿樂』123, ×/『青六』190, 李浣字淸之慶州人武科孝宗朝官至右相/『永類』107, ×/『興比』49, ×/『東歌』103, 李浣字淸之仁祖朝武科大將孝宗拜相/『源國』71, 李浣字淸之號慶州人孝宗朝武科官至右相/『源奎』71, 李浣字淸之號慶州人孝宗朝武科官至右相/『源河』68, 李浣字淸之號慶州人孝宗朝武科官至右相/『源六』190, 李浣字淸之肅廟武相/『源佛』71, 李浣字淸之肅廟武相/『源朴』67, 李浣字淸之慶州人/『源皇』67, 李浣字淸之號慶州人孝宗朝武科官至右相/『海樂』69, 李浣字淸之號慶州人孝宗朝武科官至右相/『源가』53, 李浣/『源一』70, 李浣肅宗時武相/『源東』72, 李浣字淸之慶州人孝廟朝武科官至右相/『協律』66, 李浣肅宗朝武左相/『花樂』69, 李浣/『南太』143, ×/『大東』106, 李浣字淸地武右議政貞翼公/『時全』319/『時大』453

麟坪大君 仁祖大王第三子

104

主人이 好事ᄒᆞ여 遠客을 慰勞ᄒᆞᆯ서

多情 歌管이 비야ᄂᆞ니 客愁로다

어즈버 密城 今日이 太平인가 ᄒᆞ노라.(述)

註解) 遠客=멀리 있는 나그네. 多情 歌管=다정한 가관. 비야ᄂᆞ니=재촉하니. 密城=安州.

『瓶歌』527, 麟坪大君/『海一』221, 麟坪大君/『海周』227, 麟坪大君/『詩歌』194, 麟坪大君/『樂서』109, 麟坪大君/『靑洪』182, 麟坪大君/『靑가』210, 麟坪大君/『靑詠』219, 麟坪大君/『靑六』566, 麟坪大君/『東歌』104, 麟坪大君/『時全』2647/『時大』3735

鄭蘊號梧溪丙子胡亂隨駕入南漢及和議成剌刃幾死曰吾不死於南漢何面目對妻子

105

冊덥고 窓을 여니 江湖에 白鷗 써다

往來ᄒᆞ면 셔 무슴 뜻 먹엇는고 앗구려

功名도 말고 너를 좃ᄎᆞ 놀니라.(意)

註解) 덥고=덮어 놓고서. 써다=떠 있다. 往來白鷗=오락가락 하는 갈매기. 무슴=무슨. 뜻=뜻을. 먹엇는고=먹고 있는가. 조ᄎᆞ=좇아. 따라.

『瓶歌』251, 鄭蘊/『青珍』304, 無氏名/『海一』339, ×/『詩歌』204, 朴世采 字和叔 號玄石潘南人顯宗朝以學逸官至左相贈試文純公/『樂서』254, 鄭縕字號/『青가』320, ×/『東國』225, ×/『青六』180, 鄭蘊號梧溪光丙子胡亂隨駕入南漢及和議旣成剌刃幾死乃曰吾不死於南漢何面目對妻子入山作此歌/『興比』363, ×/『東歌』105, 鄭蘊號梧溪丙子胡亂隨駕入南漢及和議成剌刃幾死曰吾不死於南漢何面目對妻子/『源國』405, 鄭蘊字輝遠號梧溪光海時弼善丙子胡亂隨駕入南漢及和議旣成剌刃幾死乃曰吾不死於南漢何面目對妻子入山作此歌/『源奎』405, 鄭蘊字輝遠號梧溪光海時弼善丙子胡亂隨駕入南漢及和議旣成剌刃幾死乃曰吾不死於南漢何面目對妻子入山作此歌/『源河』398, 鄭蘊字輝遠號梧溪光海時弼善丙子胡亂隨駕入南漢及和議旣成剌刃幾死乃曰吾不死於南漢何面目對妻子入山作此歌/『源六』389, 鄭蘊字輝遠號梧溪光海時弼善丙子胡亂隨駕入南漢及和議旣成剌刃幾死不死於南漢何面目對妻子入山作此歌/『源佛』391, 鄭蘊字輝遠號梧溪光海時弼善丙子胡亂隨駕入南漢及和議旣成剌刃幾死不死於南漢何面目對妻子入山作此歌/『源朴』391, 鄭蘊字輝遠號梧溪/『源皇』388, 鄭蘊字輝遠號梧溪光海時弼善丙子胡亂隨駕入南漢及和議旣成剌刃幾死乃曰吾不死於南漢何面目對妻子入山作此歌/ 『海樂』 395, 鄭蘊字輝遠號梧溪光海時弼善丙子胡亂隨駕入南漢及和議旣成剌刃幾死乃曰吾不死於南漢何面目對妻子入山作此歌/『源가』201, 鄭蘊/『源一』394(635), 鄭蘊光海時弼善, ×/『源東』400, 鄭蘊字輝遠號梧溪光海時弼善丙子胡亂隨駕入南漢及和議旣成剌刃幾死乃曰吾不死於南漢何面目對妻子入山作此歌/ 『協律』390, 鄭蘊號桐溪/『花樂』413, 鄭蘊/『三家樂府』桐溪鄭蘊/『源東』400, 鄭蘊字輝遠號梧溪光海時弼善丙子胡亂隨駕入南漢及和議旣成剌刃幾死乃曰吾不死於南漢何面目對妻子入山作此歌/『時全』2745/『時大』3871

金堉號潛谷孝廟朝領相

106

자닉집의 술 닉거든 부듸 날을 부르시소

草堂에 곳이 퓌여든 나도 자닉를 請ᄒᆞ옴세

百年덧 시름업슬 이를 의논코져 ᄒᆞ노라.(意)

註解) 닉거든=익거든. 부듸=부디. 부르시소=부르시오. 草堂=짚으로 지은 집. 곳=꽃. 퓌여든=피거든. 請ᄒᆞ옴식=청함세. 청하겠네. 百年덧=백 년 동안. 시름=근심.

『瓶歌』 844, 金堉/『青珍』 208, 逸老堂/『海一』 219, 金堉字號潛谷孝廟朝右議政/『海周』 224, 金堉/『詩歌』 173, 金堉字佰厚號潛谷淸風人仁祖朝登第官至領相贈謚文貞公試行三南大同法/『樂서』 48, 金堉號潛谷孝廟相領/『青洪』 178, 金堉字佰厚號潛谷孝廟朝領相/『青가』 180, 潛谷金堉仁廟朝登第官至領相/『青詠』 216, 潛谷金堉孝宗朝領相/『東國』 307, 金堉號潛谷領相 孝宗時/『古今』 176, ×/『槿樂』 203, 金堉/『青淵』 66, 南溟/『青六』 189, 金堉號潛谷字伯原淸風人孝宗朝領相謚文貞/『歌寶』 189, ×/『永類』 7, ×/『興比』 342, ×/『東歌』 106, 金堉號潛谷孝廟朝領相/『源國』 415(803(138)), 金堉號潛谷孝宗朝領相, ×/ 『源奎』 415(802(138)), 金堉號潛谷孝宗朝領相, ×/ 『源河』 403(802), 金堉號潛谷孝宗朝領相, ×/『源六』 401(754(128)), 金堉號潛谷孝廟朝領相, ×/『源佛』 403(759(128)), 金堉號潛谷孝宗廟領相, ×/『源朴』 401(674(137)), 金堉號潛谷, ×/『源皇』 398(660(138)), 金堉號潛谷孝宗朝領相, ×/『海樂』 405(817(159)), 金堉號潛谷孝宗朝領相, ×/『源가』 206, 金堉/『源一』 403, 金堉孝宗時領相/『源東』 409, ×/『協律』 400(774(132), 金堉號潛谷孝宗朝領相, ×/『花樂』 422, 金堉/『女謠』 134, 金堉/『大東』 105, 金堉字伯原號潛谷領議政文貞公/『時全』 2474/『時大』 3495

許珽松湖孝廟朝承旨

107

日中 三足烏야 가지 말고 내말 들러
너희도 反哺鳥로 烏中之曾參이라
우리의 鶴髮雙親을 더듸 늙게 ᄒᆞ여라.(孝)

註解) 日中 三足烏ㅣ야=해의 이칭. 해의 가운데에 삼족오가 있다고 전함. 反哺鳥=까마귀를 가리킴. 烏中之曾參=새 중에서도 효성이 지극한 새. 曾參=曾子. 北堂=어머니를 일컬음. 鶴髮雙親=늙으신 부모님. 더듸=더디. 늦게.

『瓶歌』 269, 許珽/『青珍』 170, 松湖許珽字仲玉號松湖孝廟朝登第 官至承旨/『海一』 233, 許珽字仲玉號松湖孝廟朝承旨/『海周』 239, 李貴鎭/『詩歌』 183, 許珽字仲玉號松湖陽川人仁祖朝登第官至右副承旨善唱後庭花/『樂서』 119, 許珽字仲玉號松湖孝廟朝承旨/『青洪』 181, 許珽承旨/『青가』 162, 松湖許珽孝廟朝登第官至承旨/『青詠』 218, 松湖許珽孝宗朝承旨/『東國』 22, 許珽號松湖孝宗朝承旨/『槿樂』 34, ×/『青六』 192, 許珽號松湖字仲玉楊州人官承旨/『歌寶』 37, ×/『永類』 182, ×/『興比』 344, ×/『東歌』 107, 許珽松湖孝廟朝承旨/『源國』 436, 許珽字號松湖官承旨古之善歌曲調猶傳於今/『源奎』 436, 許珽字號松湖官承旨古之善歌曲調猶傳於今/『源河』 425, 許珽字號松湖官承旨古之善歌曲調猶傳於今/『源朴』 422, 許珽號松湖/『源皇』 419, 許珽字號松湖官承旨古之善歌曲調猶傳於今/『海樂』 426, 許珽字號松湖官承旨古之善歌曲調猶傳於今/『源一』 422, 許珽古之善歌/『源東』 427, 許珽號松湖官承旨古之善歌/『協律』 421, 許珽號松湖古之善歌曲調猶傳於今/『花樂』 441, 許珽/『大東』 14, 許珽號松湖孝宗朝承旨名歌/『松湖遺稿』 許橿/『時全』 2449/『時大』 3452

朗原君 最樂堂

108
둘은 언제 나며 술은 뉘 삼긴고
劉伶이 업슨 後에 太白이도 간듸 업다
아므도 물를 듸 업스니 홀로 醉月 ᄒᆞ리라.(咏)

註解) 삼긴고=만들었는가. 都伶=중국 진나라 포국사람으로 술을 즐겻다 함. 太白=이태백, 달을 좋아 하여 달을 잡으려다가 채석강에 바져 죽어다 함.

『瓶歌』530, 朗原君/『青珍』175, 朗原君/『海一』222, 朗原君/『海周』228, 朗原君/『詩歌』191, 朗原君/『樂서』110, 朗原君/『青가』165, 朗原君/『青六』15, 朗原君/『時全』777/『時大』1106

金時習 梅月堂

109
孟子見梁惠王ᄒᆞ신ᄃᆡ 첫 말솜에 仁義로다
朱文公 註議에 긔 더욱 誠意正心
우리는 聖主 뫼와시니 알외 말솜 업시라.(忠)

註解) 朱文公=맹자에 주석을 붙인 남송의 학자 주희. 誠意正心=뜻을 정성스럽게 하고, 마음을 바르게 함. 뫼와시니=뵈었으니.

『瓶歌』60, 金時習/『東歌』109, 金時習/『時全』1014/『時大』1457

趙緯韓玄州仁祖朝承旨

110

天地 몃 번직며 英雄은 누고누고

萬古興亡이 愁孤좀에 꿈이로다

어듸셔 妄佞엣 거슨 노지 말나 ᄒᆞᄂᆞ니.(豪)

註解) 몃 번직며=몇 번째며. 萬古興亡=오랜 세월 동안에 있었던 왕조의 흥망사. 愁孤좀=수우잠. 잠깐 드는 잠. 꿈이로다=꿈이로다. 妄佞에 거슨=망녕한 것은. ᄒᆞᄂᆞ니=하느냐.

『瓶歌』 204, 趙緯韓/『青珍』 109, 玄州趙緯韓/『海一』 119, 趙緯韓/『海周』 121, 趙緯韓/『詩歌』 158, 趙緯韓/『樂서』 40, 趙緯韓號玄州仁廟承旨/『青洪』 149, 趙緯韓/『青가』 111, 玄州趙緯韓/『青詠』 84, 玄州趙緯韓承旨/『東國』 127(217, 275), ×, ×, ×/『青淵』 61, 松江/『青六』 164, 趙緯韓號玄州字善述漢陽人官承旨/『歌寶』 86, ×/『東歌』 110, 趙緯韓玄州仁祖朝承旨/『源國』 299, ×/『源奎』 299, ×/『源河』 294, ×/『源六』 290, 趙緯韓字善述號玄州/『源佛』 292, 趙緯韓/『源朴』 287, ×/『源皇』 284, ×/『海樂』 289, ×/『源一』 290, ×/『源東』 296, ×/『協律』 287, ×/『花樂』 303, ×/『大東』 65, 無名氏/『時全』 2807/『時大』 3945

蔡裕後字伯昌號湖洲孝廟朝文衡吏判

111

ᄃᆞ나ᄡᅳ나 이 濁酒로다 ᄃᆡ테메는 질병드리

더욱 됴희녀른 자박구기를 둥지둥 ᄯᅴ여두고

아희야 져리 沉菜일 만졍 업다 말고 ᄂᆡ여라.(忠)

註解) 이 濁酒=입쌀로 만든 탁주. ᄃᆡ테메는=댓가지로 메운 테. 자박구기=표주박으로 만든 구기. ᄯᅴ여 두고=띄어 두고. 져리 沉菜일 망졍=겉절이 김치일망정.

『甁歌』 1025 악희조, ×/『靑珍』 164 이삭대엽 湖洲蔡裕後字伯昌號湖洲仁祖朝登第選湖堂典文衡官至吏曹判書/『海一』 161(585), 이삭대엽 蔡裕後字伯昌號湖洲仁祖朝判書, ×/『海周』 166, 이삭대엽, 蔡裕後/『詩歌』 172 없음, 蔡裕後字伯昌號湖洲平康人仁祖朝文狀典文衡官至資憲吏曹判書贈諡大惠公詩文俱奇/ 『樂서』 47 이삭대엽, 蔡裕後號柳谷孝廟朝不仕應敎/『靑洪』 173 이삭대엽, 蔡裕後字伯昌號湖洲文衡/『靑가』 156(654) 이삭대엽, 湖洲蔡裕後仁祖朝登第官至判書, 蔡裕後號湖洲仁廟朝登第官至判書/『靑詠』 98(545) 이삭대엽, 湖洲蔡裕後字伯昌平康人孝宗朝文衡吏判, ×/『東國』 84 소롱, 蔡裕後字伯昌號湖洲孝宗朝文衡吏判/『槿樂』 384 만횡청, ×/『靑淵』 107 없음, ×/『靑六』 312(988), ×, 蔡裕後號湖洲字伯昌仁祖朝文衡判書/『永類』 231 없음, ×/『興比』 160(281) 계악, ×/『東歌』 111 이삭대엽, 蔡裕後字伯昌號湖洲孝廟朝文衡吏判/『源國』 164 율당삭대엽, ×/『源奎』 164 율당삭대엽, ×/『源河』 148 율당삭대엽, ×/『源六』 157 율당삭대엽, ×/『源佛』 157 율당삭대엽, 蔡裕後字伯書號湖洲/『源朴』 155 반언삭대엽, 蔡裕後蔡裕後字伯昌號湖洲仁祖朝判書/『源皇』 153 반언삭대엽, 蔡裕後蔡裕後字伯昌號湖洲仁祖朝判書/『海樂』 157 반언삭대엽, 蔡裕後蔡裕後字伯昌號湖洲仁祖朝判書/『源가』 106 율당삭대엽밤엿쟈즌한닙, ×/『源一』 161 우율당삭대엽, ×/『源東』 155 율당삭대엽, ×/『協律』 154 우율당삭대엽, 蔡裕後號湖洲仁祖朝判書/『花樂』 158 율당삭대엽, 蔡裕後/『大東』 275 계악, ×/『時全』 755/『時大』 1063

姜栢年 雲峰 孝廟朝 判書

112

青雲에 곱던 擭子 님을 녀야 다 늙거다

이제 님이 보면 날닌 줄 아ᄅᆞ실가

님계셔 날인 줄 알작시면 고딕 죽다 셔르랴.

註解) 擭子＝모양. 늙거다＝늙었다. 님이 보면＝임께서 보면. 날닌 줄＝나인 줄. 고딕＝바로. 지금. 셔르랴＝서러우랴.

『瓶歌』 270/『青珍』 168/『青가』 160/『青詠』 /『源國』 57/『源奎』 57/『源河』 52/『源六』 57/『源佛』 57/『源朴』 56/『源皇』 56/『海樂』 59/『源가』 328/『源一』 56/『源東』 53/『協律』 54/『花樂』 52/『女謠』 17/『東歌』 112/『大東』 107/『時全』 2905/『時大』 4071

宋時烈 尤庵 孝廟朝 右相

113

님이 혜오시믜 나는 전혀 미덧더니
날 ᄉ랑ᄒ던 情을 뉘 손듸 옴기신고
처음에 믜시던 거시면 이듸도록 셔오랴.(忠)

註解) 혜오시믜=생각하시매. 뉘 손듸=누구에게. 믜시던=미워하시던. 셔오랴=슬프랴.

『甁歌』266, 宋時烈/『靑珍』298, ×/『海一』235, 宋時烈/『海周』241, 宋時烈/『詩歌』198, 宋時烈/『樂서』121, 宋時烈/『靑洪』187, 宋時烈/『靑가』189, 宋時烈/『靑詠』223, 宋時烈/『源國』758, 宋時烈/『源奎』757, ×/『源河』754, ×/『源六』713, ×/『源佛』718, 宋時烈/『源朴』629, 宋時烈/『源皇』615, ×/『海樂』766, ×/『協律』729, ×/『歌謠』92, ×/『時全』754/『時大』1060

李仲集

114

뉘라셔 날 늙다 ᄒᆞ는고 늙은이도 이러ᄒᆞᆫ가

곳 보면 반갑고 盞 잡으면 우음 난다

春風에 흣날인 白髮이야 낸들 어이 ᄒᆞ리오.(述)

註解) 곳=꽃. 우음=웃음. 春風=봄바람. 흣날인=흩날리는.

『甁歌』 509, 李仲集/ 『靑珍』 292, 李仲集/ 『海一』 147, 李仲集/ 『海周』 149, 李仲集/ 『詩歌』 279, 李仲集/ 『樂서』 64, 李仲集/ 『靑洪』 215, 李仲集/ 『靑가』 290, 李重集/ 『靑詠』 178, 李仲集/ 『古今』 103, ×/ 『槿樂』 117, ×/ 『靑淵』 34, ×/ 『靑六』 244, 李仲樂/ 『歌譜』 83, ×/ 『永類』 131, ×/ 『興比』 379, ×/ 『東歌』 114, 李仲集/ 『源國』 417, 李仲集/ 『源奎』 417, ×/ 『源河』 406, 李仲集/ 『源六』 403, ×/ 『源佛』 405, 李仲集/ 『源朴』 403, ×/ 『源皇』 400, 李仲集/ 『海樂』 407, ×/ 『源가』 208, ×/ 『源一』 405, ×/ 『源東』 411, 李仲集/ 『協律』 402, 李仲集/ 『花樂』 424, ×/ 『大東』 116, 李仲集/ 『三家樂府』 李仲集/ 『時全』 689/ 『時大』 964

許橿

115

父母ㅣ 生我ᄒᆞ시니 恩莫大焉이옵거니

撻之流血인둘 疾怨을 ᄎᆞ마 ᄒᆞᆯ가

生我코 鞠我ᄒᆞ신 德을 못 갑흘가 ᄒᆞ노라.(孝)

註解) 續莫大焉＝이은 것이 이 보다 더 큰 것은 없음. 撻之流血＝종아리를 맞아 피를 흘림. 疾怨＝미워하고 원망함.

『松湖遺稿』許橿/『瓶歌』514, 許橿/『海一』274, 許橿/『海周』287, 許橿/『詩歌』182, 許橿/『樂서』146, 許橿/『靑洪』217, 許橿/『靑가』203, 許橿/『靑詠』232, 許橿/『槿樂』10, /『靑六』246, 許橿/『興比』377, /『東歌』115, 許橿/『大東』115, 許橿/『時全』1292/『時大』1845

朴誾 把翠軒

116

瞻彼棋澳ᄒᆞᆫᄃᆡ 綠竹이 猗猗로다

有裴君子ㅣ야 낙ᄃᆡ 빌이렴은

우리도 至善明德 낙가 볼가 ᄒᆞ노라.

註解) 瞻彼棋澳·綠竹猗猗=저기 수(중국 하남성 임현에서 발원하여 위하로 드는 강) 물굽이를 보니 녹죽이 가냘프고 아름답구나. 有裴君子=멋진 군자. 낙ᄃᆡ=낚싯대. 빌이렴은=빌려주려무나. 至善明德=지극히 착함과 밝은 덕.

『瓶歌』 77, 朴誾/『海一』 33, 朴英字子實號松堂中宗朝武科官至吏曹/『海周』 33, 朴英/『詩歌』 418, ×/『青가』 313, 松伊/『青詠』 347, ×/『東國』 146, ×/『青淵』 145, ×/『青六』 529, ×/『歌寶』 342, ×/『永類』 212, ×/『興比』 311, ×/『東歌』 116, 朴誾把*軒/『大東』 77, 宋寅字明仲號頤菴中廟駙馬礪城尉文端公/『時全』 2827/『時大』 3980

李澤肅宗朝兵使

117

감장시 젹다 ᄒᆞ고 大鵬아 웃지 마라

九萬里 長天에 너도 날고 저도 난다

두어라 一般飛鳥니 네오 제오 다르랴.(述)

註解) 감장시=굴뚝새. 젹다 ᄒᆞ고=작다 하고. 大鵬=北冥에 있는 鯤이 화해 되었다는 상상의 새로 鵬鳥. 九萬長空=넓고 넓은 하늘. 一般飛鳥ㅣ니=다 같은 나는 새이니. 네오 제오=너나 저나. 다르랴=다르겠느냐.

『瓶歌』 330, 李澤/『青珍』 446, ×/『海一』 239, 李澤/『海周』 245, 李澤/『詩歌』 210, 李澤/『樂서』 55, 李澤肅廟兵使/『青洪』 191, 李澤兵使/『青가』 499, ×/『青詠』 245 李潭肅宗朝兵使, /『東國』 15, 李澤肅宗朝兵使/『古今』 70, ×/『青淵』 172, ×/『青六』 202, 李澤 完山人武兵使/『歌寶』 19, ×/『永類』 165, ×/『時調』 72, ×/『東歌』 117, 李澤肅宗朝兵使/『源國』 39, 李澤字善鳴全義人中宗朝文科 勸芭從論貧 元衡罪辛未拜領相諡貞肅公/『源奎』 39, 李澤字善鳴全義人中宗朝文科勸芭從論貧元衡罪辛未拜領相諡貞肅公/『源河』 34, 李澤字善鳴全義人中宗朝文科勸芭從論貧元衡罪辛未拜領相諡貞肅公/『源六』 36, 李澤字善鳴中宗朝文科/『源佛』 36, 李澤字善鳴中宗朝文科/『源朴』 38, 李澤字善鳴全義人中宗朝文科勸芭從論貧元衡罪辛未 拜領相諡貞肅公/『源皇』 38, 李澤字善鳴全義人中宗朝文科勸芭從論貧元衡罪辛未拜領相諡貞肅公/『海樂』 40, 李澤字善鳴全義人中宗朝 文科勸芭從論貧元衡罪辛未拜領相諡貞肅公/『源一』 39, 李澤中宗朝 領相/『源東』 36, 李澤字善鳴全義人中宗朝文科勸芭從論貧元衡罪 辛未拜領相 諡貞肅公/『協律』 36, 李澤/『花樂』 34, 李澤/『南太』 140, ×/『詩餘』 77, ×/『大東』 109, 李澤肅宗朝兵使/『時全』 85/『時大』 120

金三賢

118

松壇에 선즘 씨여 醉顔을 드러 보니
夕陽 浦口에 ᄂᆞ드ᄂᆞ니 白鷗ㅣ로다
아마도 이 江山主人ᄂᆞᆫ 나ᄲᅮᆫ인가 ᄒᆞ노라.

註解) 松壇＝소나무 아래 단. 선즘＝깊이 들지 않은 잠. 醉顔＝취기가 남은 눈. ᄂᆞ드ᄂᆞ니＝날아드니.

『瓶歌』 336, 金昌翎/『海周』 284, 金三賢/『詩歌』 263, 金三賢/『樂서』 62, 金昌業號三淵/『青洪』 227, 金三賢閒散人/『青詠』 192, 金三淵/『東國』 131(243), 金三賢, ×/『青淵』 19, 三淵先生/『青六』 230, 金三賢/『歌寶』 104, ×/『永類』 45, ×/『興比』 315, ×/『東歌』 118, 金三賢/『源國』 182, 金昌滃字號三淵安東人或云金三賢肅宗朝折衝朱義植婿/『源奎』 182, 金昌翕字號三淵安東人或云金三賢肅宗朝折衝朱義植婿/『源河』 166, 金昌翕字號三淵安東人或舊金三賢肅宗大王朝折衝朱義植婿/『源六』 173, 金昌翕或云金三賢號三淵安東人/『源佛』 173, 金昌翕號三淵安東人或云金三賢/『源朴』 172, 金昌翕或金三賢所作字三淵安東人/『源皇』 170, 金昌滃號三淵安東人或金三賢肅宗朝折衝朱義植婿/『海樂』 176, 金昌滃號三淵安東人或金三賢肅宗朝折衝朱義植婿/『源가』 117, 金昌滃/『源一』 178, 金昌滃肅廟時折衝/『源東』 171, 金昌滃字號三淵安東人或云金三賢肅宗朝折衝朱義植婿/『協律』 171, 金昌翕號三淵/『花樂』 176, 金昌滃/『青珍』 234, 金三賢/『青가』 253, 金三賢/『大東』 68, 無名氏/『時全』 1685/『時大』 2400

南九萬藥相肅宗朝拜相

119

東窓아 붉갓ᄂᆞ냐 노고질이 우지진다

쇼칠 아희들은 至今 아니이러ᄂᆞ냐

재 너머 ᄉᆞ래 긴 밧츨 언졔 갈녀 ᄒᆞᄂᆞ니.(興比)

註解) 붉갓ᄂᆞ냐=밝았느냐. 노고질이=종달새. 우지진다=우짖는구나. 재 너머=재 너머. 고개 넘어. ᄉᆞ래 긴=밭 이랑이 긴. 밧츨=밭을. 갈녀=갈려고. ᄒᆞᄂᆞ니=하느냐.

『瓶歌』329, 南九萬/『青珍』203, 藥泉南九萬字雲路號藥泉孝廟朝登第官至領相奉朝賀/『海一』237, 南九萬字雲路號藥泉孝廟朝登第肅朝領相/『海周』243, 南九萬/『詩歌』201, 南九萬字雲路號藥川又號義齋宜寧人孝宗朝登第泰重試典文衡官至領相年至致仕奉朝賀贈謚文忠公能文善書/『樂서』50, 南九萬號藥泉肅廟右相/『青洪』188, 南九萬字雲路號藥泉肅廟朝相文衡/『青가』175, 藥泉南九萬孝廟朝登第官至首相/『青詠』224, 藥泉南九萬/『東國』137, 南九萬號 藥泉 肅廟朝 拜相/『古今』157, ×/『槿樂』375, ×/『青淵』146, ×/『青六』197, 南九萬字雲路號藥泉宜寧人肅宗朝文衡領相謚文忠/『歌寶』114, ×/『興比』11, ×/『東歌』119, 南九萬藥相肅宗朝拜相/『源國』15, 南九萬字雲路號藥泉宜寧人孝宗朝丙申文科甲子年領智后奉朝賀謚文忠公/『源奎』14, 南九萬字雲路號藥泉宜寧人孝宗朝丙申文科甲子年領智后奉朝賀謚文忠公/『源河』15, 南九萬字雲路號藥泉宜寧人孝宗朝丙申文科甲子年領相后奉朝賀謚文忠公/『源六』14, 南九萬字雲洛號藥泉宜寧人孝宗朝丙申文科拜領智后奉朝賀謚文忠公/『源佛』14, 南九萬字雲路號藥泉宜寧人孝宗朝丙申文科拜領智后奉朝賀謚文忠公/『源朴』14, 南九萬藥相肅宗朝拜相/『源皇』15, 南九萬藥相肅宗朝拜相/『海樂』15, 南九萬藥字雲路號藥泉宜寧人孝宗朝丙申文科甲子年領智后奉朝賀謚文忠公/『源가』15, 南九萬/『源一』15, 南九萬孝宗朝時奉朝賀/『源東』15, 南九萬字雲路號藥泉宜寧人孝宗朝丙申文科甲子年領智后奉朝賀謚文忠公/『協律』15, 南九萬/『花樂』15, 南九萬號藥泉/『時全』899/『時大』1293

柳赫然 肅宗朝 上將軍

120

ᄃᆞᆺ는 ᄆᆞᆯ 셔셔 늙고 드는 칼 보믜 센다

無情 歲月은 白髮을 ᄌᆡ促ᄒᆞ니

아마도 聖主 鴻恩을 못 갑흘가 ᄒᆞ노라.(忠)

註解) ᄆᆞᆯ=말. ᄌᆡ促ᄒᆞ니=재촉하니. 聖主 鴻恩=성주의 넓은 은택.

『瓶歌』 331, 柳赫然/『青珍』 204, 柳赫然/『海一』 240, 柳赫然/『海周』 246, 柳赫然/『詩歌』 199, 柳赫然/『樂서』 51, 柳赫然/『青洪』 189, 柳赫然/『青가』 176, 柳赫然/『青詠』 101, 柳赫然/『槿樂』 122, ×/『青六』 198, 柳赫然/『東歌』 120, 柳赫然/『時全』 796/『時大』 1130

李華鎭

121

草堂애 깁히 든 ᄌᆞᆷ을 새 소ᄅᆡ에 놀나 ᄭᆡ니

梅花雨 ᄀᆞᆺ 갠 柯枝에 夕陽이 거의로다

아희야 낙ᄃᆡ 내여라 고기잡이 져무럿다.(忠)

註解) 깁히=깊이. 梅花雨=음력 4월과 5월 사이에 오는 비. ᄀᆞᆺ 갠=이제막 개인. 거의로다=저무는구나. 져무럿다=저무렀다.

『瓶歌』 327, 李華鎭/『海一』 231, 李華鎭/『海周』 237, 李華鎭/『詩歌』 207, 李華鎭/『樂서』 53, 李華鎭/『青가』 212, 李華鎭/『青詠』 226, 李華鎭/『青六』 200, 李華鎭/『東歌』 121, 李華鎭/『源國』 394, ×/『源奎』 394, ×/『源河』 387, ×/『源六』 382, ×/『源佛』 384, ×/『源朴』 382, ×/『源皇』 379, ×/『海樂』 384, ×/『源가』 196, ×/『源一』 383, ×/『源東』 390, ×/『協律』 379, ×/『花樂』 402, ×/『時全』 2924/『時大』 4122

朴泰輔定齋肅宗朝應敎

122

胸中에 불이 나니 五臟이 다 타간다

神農氏 꿈에 뵈와 불끌 藥 뭇ᄌᆞ오니

忠節과 慷慨로 난 불이니 끌 藥 업다 ᄒᆞ드라.

註解) 五臟=간장, 심장, 비장, 폐장, 신장의 다섯 가지 내장을 통틀어 이르는 말. 神農氏=중국 고대 제왕의 이름, 농사와 製藥을 가르쳤다 함. 불끌=불을 끌. 뭇ᄌᆞ오니=묻자오니. 난=난. 끌=끌.

『甁歌』332, 朴泰輔/『靑珍』205, 定齋朴泰輔字士元號定齋肅宗朝登第官至應敎已巳三臣/『海一』241, 朴泰輔字士元號定齋肅廟朝應敎/『海周』247, 朴泰輔/『詩歌』208, 朴泰輔字士元號定齋潘南人肅宗朝文壯選湖堂官至應敎贈朝政行吏曹判書謚文烈公忠情直諫而死建忠臣施文義烈/『樂서』54, 朴泰輔號定齋肅廟應敎/『靑洪』190, 朴泰輔字士元號定齋應敎/『靑가』177, 朴泰輔定齋肅廟朝登第官至應敎/『靑詠』190, 朴泰輔玉堂/『靑六』201, 朴泰輔號定齋字士元潘南人肅宗朝副應敎/『興比』346, ×/『東歌』122, 朴泰輔定齋肅宗朝應敎/『源河』302, 朴泰輔/『花樂』312, 朴泰輔/『東國』252, ×/『時全』3320/『時大』4716

具志禎肅宗朝牧使

123

쥐 촌 소로기드라 빅부로다 자랑마라

淸江 여윈 鶴이 주리다 부를 손냐

닉 몸이 이리업슬 션졍 술 못지라 어이리.(述)

註解) 쥐 촌=쥐를 잡은. 소로기들아=솔개. 빅부로다=배부르다. 여윈=여윈, 마른. 부를손냐=부러워할소냐. 무숨=무엇.

『甁歌』 333, 具志禎/『靑珍』 340, ×/『海一』 242, 具志禎字號肅廟朝牧使/『海周』 248, 具志禎/『詩歌』 211, 具志禎字綾城人肅宗朝以陰官至星州牧使/『樂서』 56, 具志禎肅廟牧使/『靑洪』 192, 具志禎牧使/『靑가』 194, 具志禎/『靑詠』 246, 具志禎肅宗朝牧使/『東國』 132, 具志禎 肅廟 牧使/『靑六』 203, 具志禎 綾城人官牧使/『歌寶』 108, ×/『東歌』 123, 具志禎肅宗朝牧使/『源國』 330, 具志禎字肅宗朝牧使『源奎』 330, 具志禎肅宗朝牧使/『源河』 325, 具志禎肅宗朝牧使/『源六』 308, 具志禎字 肅宗朝牧使/『源佛』 310, 具志禎字 肅宗朝牧使/『源朴』 317, 具志禎/『源皇』 314, 具志禎肅宗朝牧使/『海樂』 319, ×/『源一』 321, 具志禎肅宗朝牧使/『源東』 323, 具志禎字 肅宗朝牧使/『協律』 317, 具志禎/『花樂』 338, 具志禎/『大東』 110, 具志禎肅宗朝牧使/『時全』 2663/『時大』 3763

金昌業老稼齋肅宗朝進士

124

비슬을 저마다 ᄒᆞ면 農夫되리 뉘 이시며

醫員이 病 고치면 北邙山이 져러 ᄒᆞ랴

아희야 盞만 부어라 니 뜻더로 ᄒᆞ리라.(意)

註解) 農夫되리=농부가 될 사람이. 이시며=있으며. 北邙山=공동묘지. 져러 ᄒᆞ랴=저러하랴. 뜻더로=뜻대로.

『甁歌』374, 金昌業/『靑珍』211, 石郊/『海一』250, 金昌業/『海周』256, 金昌業/『詩歌』227, 金昌業/『樂서』57, 金昌業字光稼肅廟進士不仕/『靑洪』196, 金昌業/『靑가』183, 石郊/『東國』249, ×/『古今』132, ×/『槿樂』149, ×/『靑淵』18, 老歌齋/『靑六』209, 金昌業/『歌寶』155, ×/『永類』30, ×/『東歌』124, 金昌業老稼齋肅宗朝進士/『源國』225, 金××/『源奎』225, 金××/『源河』213, ×/『源六』211, ×/『源佛』212, ×/『源朴』215, ×/『源皇』213, ×/『海樂』218, ×/『源가』123, ×/『源一』220, ×/『源東』210, 金尙業字號老稼子/『協律』214, ×/『花樂』224, ×/『南太』144, ×/『詩餘』78, ×/『大東』112, 金尙業老嫁齋/『時全』1228/『時大』1756

尹斗緖 肅廟朝 進士

125

玉에 흙이 무더 길 가에 ᄇᆞ려시니

오ᄂᆞ 니 가ᄂᆞ 니 흙이라 ᄒᆞᆫ고나

두어라 알 리 이실쎈이 흙인 드시 잇걸아.(慨)

註解) 무더=묻어. 오ᄂᆞ 니=오는 사람. ᄒᆞᆫ고야=하는구나. 이실쎈이=있을 것이니. 잇걸아=잇거라의 분철.

『甁歌』358, 尹斗緖/『海一』252, 尹斗緖/『海周』258, 尹斗緖/『詩歌』233, 尹斗緖/『靑가』218, 尹斗緖/『靑六』215, 尹斗緖/『東歌』125, 尹斗緖/『時全』2117/『時大』2980

兪崇 肅廟朝 參判

126

清溪邊 白沙上에 혼자 셧는 져 白鷺야
나의 먹은 뜻즐 넨들 아니 아라시랴
風塵을 슬희여 홈이야 네오 내오 다르랴.(述)

註解) 清溪邊 白沙上=푸른 시냇가 흰 모래 위에. 風塵=세속. 슬희여=싫어하여. 네오 내오=너이고 나이고.

『瓶歌』 349, 兪崇/『海一』 253, 兪崇//『海周』 2599, 兪崇//『詩歌』 231, 兪崇//『樂서』 129, 兪崇//『靑洪』 199, 兪崇/『靑가』 224, 兪崇//『靑六』 210, 兪崇//『歌譜』 103, ×/『東歌』 126, 兪崇/『時全』 2835/『時大』 3988

朴仁老肅宗朝萬戶

127

王祥의 鯉魚 낙고 孟種의 竹笋 걱거

검든 ᄆᆞ리 희도록 老萊子의 옷슬 닙고

一生의 養志誠孝을 曾子갓치 ᄒᆞ라리.(意)

註解) 王祥의 鯉魚=왕상은 중국의 효자. 계모가 잉어를 먹고 싶다고 하자 겨울에 옷을 벗고 얼음을 깨려하니 잉어가 뛰어 나왔다는 고사. 孟種의 竹笋=맹종은 중국 삼국시대 오나라의 이름난 효자. 검든=검었던. ᄆᆞ리 희도록=머리 희도록. 老萊子의 옷=중국의 효자로 나이 칠십에 노부모를 기쁘게 해드리기 위해, 색동옷을 입고 춤을 추었다는 고사. 養志誠孝=부모님의 뜻이 어디에 있는가를 살펴 정성을 다해 모신 효자. 曾子=공자의 수제자.

『蘆溪集』 2, 朴仁老/『瓶歌』 374, 朴仁老/『靑珍』 97, 朴仁老/『海一』 257, 朴仁老/『海周』 264, 朴仁老/『詩歌』 247, 朴仁老/『樂서』 59, 朴仁老肅廟萬戶/『靑洪』 218, 朴仁老閒散人/『靑가』 101, 朴仁老/『靑詠』 78, 漢陰李德馨 /『東國』 42, 朴仁老肅廟朝萬戶/『槿樂』 8, ×/『靑淵』 164, ×/『靑六』 901, 朴仁老/『興比』 18, ×/『東歌』 127, 朴仁老肅宗朝萬戶/『調詞』 71, ×/『源國』 48, 朴仁老字號肅廟萬戶/『源奎』 48, 朴仁老字號肅廟萬戶/『源河』 43(239), 李德馨字明甫號漢陰宣廟朝登第 湖堂文衡官至領相有勳功濟世智略, 朴仁老/『源六』 45, 朴仁老肅廟時萬戶/『源佛』 45, 朴仁老肅廟朝萬戶/『源朴』 47, 朴仁老肅廟時萬戶/『源皇』 47, 朴仁老肅廟朝時萬戶/『海樂』 49, 朴仁老肅廟時萬戶/『源가』 39, ×/『源一』 47, 朴仁老肅廟時萬戶/『源東』 45, 朴仁老字號肅朝萬戶/『協律』 45, 朴仁老肅宗時人/『花樂』 43, 朴仁老/『女謠』 20, ×/『南太』 4, ×/『詩餘』 4, ×/『詩謠』 4, ×/『大東』 49, 李德馨漢陰/『시철가』 25, ×/『時全』 2139/『時大』 3022

朱義植 肅宗朝 縣監

128

하늘이 놉ᄒᆞ고 발 져 지지말며

ᄯᅡ히 두텁다고 ᄆᆞ이 발을 거시

하늘 ᄯᅡ 놉고 두터워도 내 조심 ᄒᆞ리라.(忠)

註解) 발 져=발굼치를 세우고. ᄯᅡ히=땅이. 거시=말 것이로다.

『甁歌』 389, 朱義植/『靑珍』 222, 朱義植/『海一』 261, 朱義植/『海周』 268, 朱義植/『詩歌』 251, 朱義植/『樂서』 133, 朱義植/『靑洪』 221, 朱義植/『靑가』 241, 朱義植/『古今』 26, ×/『槿樂』 27, ×/『靑六』 219, 朱義植/『歌譜』 25, ×/『東歌』 128, 朱義植/『時全』 3132/『時大』 4447

129

주려 죽으려 ᄒᆞ고 首陽山에 드럿거니

혈마 고ᄉᆞ리를 먹으려고 ᄏᆡ여시랴

物性이 구분 줄 애돌나 펴 보려고 ᄏᆡ미라.(忠)

註解) 주려=굶주리어. 혈마=설마. ᄏᆡ여시랴=캐었겠는가. 物性=만물의 성질. 구분 줄=굽은 것을. 애돌나=애닯아. ᄏᆡ미라=캔 것이라.

『甁歌』 385, 朱義植/『靑珍』 228, 朱義植/『海一』 267, 朱義植/『海周』 274, 朱義植/『詩歌』 258, 周義植/『樂서』 137, 朱義植/『靑洪』 225, 朱義植閒散人/『靑가』 247, 南谷朱義植/『靑詠』 104, 朱義植/『東國』 53, ×/『靑六』 226, 朱義植/『興比』 314, ×/『東歌』 129, 朱義植/『靑가』 448, ×/『時全』 2627/『時大』 3714

金聲最

130

公庭에 吏退ᄒᆞ고 홀일이 아조업다

扁舟에 술을 侍中堂 ᄎᆞᄌᆞ가니

蘆花에 數만흔 갈머기ᄂᆞᆫ ᄂᆡ 벗인가 ᄒᆞ노라.(咏)

註解) 公庭=官廳. 吏退ᄒᆞ고=아전들이 물러가고. 印匣=관인을 넣어 두는 갑. 太守 政淸=태수의 따스림이 청렴 결백함. 詞訟=민사의 소송. 聽訟이 猶人ᄒᆞᆫ들 無訟ᄒᆞᆷ만=공자가 한 말로 소송을 들어 재판을 하는 데는 나도 남과 같으니, 반드시 송사가 없도록 도덕으로 다스려야 한다는 것임.

『瓶歌』380, 李德涵/『靑謠』48, 李德涵/『時全』267/『時大』377

金裕器

131

泰山에 올나 안즈 四海를 굽어보니

天地四方이 훤츨도 훈져이고

丈夫의 浩然志氣를 오날이야 알괘라.(壯)

註解) 泰山=큰 산. 훤츨도 훈져이고=탁 트였기도 하구나. 浩然之氣=마음이 넓고 뜻이 아주 큰 모양. 오날이야=오늘에서야. 알괘라=알겠도다.

『瓶歌』505, 金裕器/『青珍』251, 金裕器/『海周』292, 金裕器/『詩歌』272, 金裕器/『樂서』150, 金裕器/『青가』267, 金裕器/『東國』242, ×/『槿樂』26, ×/『青淵』223, ×/『青六』238, 金裕器/『興比』296, ×/『東歌』131, 金裕器/『源國』108, 金裕器字大哉肅宗朝散人善歌/『源奎』108, 金裕器字大哉肅宗朝散人善歌/『源河』97, 金裕器字大哉肅宗朝散人善歌/『源六』102, 金裕器字大哉肅宗朝散人名歌/『源佛』102, 金裕器字大哉肅宗朝散人名歌/『源朴』101, 金裕器字大哉/『源皇』100, 金裕器字大哉肅宗朝散人善歌/『海樂』104, 金裕器字大哉肅宗朝散人/『源가』71, 金裕器/『源一』106, 金裕器肅宗朝散人善歌/『源東』100, 金裕器字大哉肅宗朝散人名歌/『協律』100, 金裕器肅宗朝散人善歌/『花樂』102, 金裕器/『時全』3059/『時大』4330

132

景星出 卿雲興ᄒᆞ니 日月이 光華로라

三皇 禮樂이오 五帝의 文物이라

四海로 太平酒 비져 萬姓同醉 ᄒᆞ리라.(昇)

註解) 景星出 卿雲興=道 있는 나라의 태평세월에 나타나는 상서로운 별과 구름. 三王禮樂=삼황 시절의 예법과 음악. 五帝文物=오제 시대의 문물. 四海=온 천하. 萬姓同醉=온 배성과 함께 취하여 즐김.

『瓶歌』 502, 金裕器/ 『青珍』 255, 金裕器/ 『海周』 295, 金裕器/ 『詩歌』 277, 金裕器/ 『樂서』 152, 金裕器/ 『青가』 270, 金裕器/ 『青詠』 172, 金裕器/ 『東國』 185(246), ×/ 『古今』 31, ×/ 『槿樂』 31, ×/ 『青六』 241, 金裕器/ 『東歌』 132, 金裕器/ 『源國』 83, ×/ 『源奎』 83, ×/ 『源河』 77, ×/ 『源六』 80, ×/ 『源佛』 80, ×/ 『源朴』 78, ×/ 『源皇』 77, ×/ 『海樂』 83, ×/ 『源가』 57, ×/ 『源一』 82, ×/ 『源東』 79, ×/ 『協律』 76, ×/ 『花樂』 78, ×/ 『大東』 113, 金裕器/ 『瓶歌』 664, ×/ 『樂서』 63, 金裕器/ 『青詠』 368, ×/ 『青淵』 176, ×/ 『永類』 172, ×/ 『興比』 352, ×/ 『時全』 161/ 『時大』 232

金聖器

133

紅塵을 다 쩔치고 竹杖 芒鞋 집고 신고

瑤琴을 빗기 안고 西湖로 드러가니

蘆花에 쪠 만흔 갈며기는 닉 벗인가 ᄒᆞ노라.(咏)

註解) 竹杖 芒鞋=대나무 지팡이와 집신. 瑤琴=거문고. 빗기=비스듬이. 蘆花=갈대꽃. 만흔=많은. 갈며기=갈매기

『瓶歌』 363, 金聖器/『海周』 298, 金聖器/『青가』 260, 金聖器/『青詠』 229, 金聖器/『青六』 233, 金聖器/『興比』 378, ×/『東歌』 133, 金聖器/『時全』 3267/『時大』 4638

尹淳號白下

134

내 집이 白下山下 날 ᄎᆞ즈리 뉘 잇시리

入我室者清風이오 對我飮者明月이라

庭畔에 鶴徘徊ᄒᆞ니 닉 벗인가 ᄒᆞ노라.(咏)

註解) 내 집=내 집. 白岳山下=백악 사는 산속. ᄎᆞ즈리=찾을 사람이. 뉘=누가. 잇시리=있으리. 入我室者清風=내 방에 들어오는 것은 맑은 바람이오. 對我飮者明月=나와 술을 대작하는 것은 밝은 달이라. 庭畔에 鶴徘徊ᄒᆞ니=뜰 가에 학이 날으니. 닉=내.

『瓶歌』 397, 尹淳/『海周』 308, 尹淳/『樂서』 160, 尹淳字仲和 號白下英宗朝判書/『青洪』 205, 尹淳字號白下判書文衡/『青가』 235, 白下/尹淳『青詠』 373, ×/『東國』 215, ×/『青六』 216, 尹淳號白下英宗朝判書/『興比』 21, ×/『時調』 80, ×/『東歌』 134, 尹淳號白下/『南太』 160, ×/『大東』 117, 尹淳字仲和 條白下 吏曹判書 文衡翼憲公/『시철가』 76, ×/『時全』 603/『時大』 838

李鼎輔

135

菊花ㄴ 너ㄴ 어이 三月東風 다 보내고

落木寒天에 네 홀노 픠엿ㄴ다

아마도 傲霜高節은 너 쑨닌가 ᄒᆞ노라.(興比)

註解) 三月東風=삼월에 부는 동쪽에서 부는 바람. 봄바람. 落木寒天=나뭇잎이 지는 추운 겨울. 픠엿ㄴ다=피었느냐. 傲霜孤節=차가운 서리에도 굴하지 않는 높은 절개.

『甁歌』 420, 李鼎輔/『海一』 316, 李鼎輔/『海周』 370, 李鼎輔/『樂서』 184, 李鼎輔/『靑洪』 206, 李鼎輔字判書文衡/『靑詠』 392, ×/『東國』 31, 李鼎輔/『靑淵』 30, ×/『靑六』 217, 李鼎輔英宗朝判書/『歌寶』 79, ×/『興比』 61, ×/『時調』 63, ×/『東歌』 135, 李鼎輔/『源國』 119, 李鼎輔字士受/『源奎』 119, 李鼎輔字士受/『源河』 109, 李鼎輔/『源六』 112, 李鼎輔字士受/『源佛』 112, 李鼎輔字士受/『源朴』 113, 李鼎輔字士受/『源皇』 111, 李鼎輔字士受/『海樂』 115, 李鼎輔字士受/『源가』 79, 李鼎輔/『源一』 117, 李鼎輔/『源東』 113, 李鼎輔字士受/『協律』 112, 李鼎輔/『花樂』 114, 李鼎輔/『南太』 122, ×/『詩餘』 67 ×,『詩謠』 110, ×/『大東』, 李鼎輔/『時全』 312/『時大』 445

眞伊

136

내 언제 信이 업서 님을 언제 소겨관듸
月沈三更의 온 쓰지 全혀 업ᄂᆡ
秋風의 닙 저ᄂᆞᆫ 소릐야 ᄂᆡᆫ들 어이 ᄒᆞ리오.(意)

註解) 소겨관듸=속였기에. 月沈三更=달도 없는 깊은 밤. 온 쓰지=올려는 뜻이. 全혀=전혀. 닙 저ᄂᆞᆫ=잎 지는.

『瓶歌』 540, 黃眞/『青珍』 288, 黃眞/『海一』 132, 眞伊/『海周』 134, 眞伊/『詩歌』 282, 眞伊/『樂서』 67, 眞伊/『青洪』 243, ×/『青가』 294, 眞伊/『青詠』 356, ×/『東國』 23(210), 眞伊, ×/『古今』 244, ×/『槿樂』 277, ×/『青淵』 62, ×/『青六』 271, 眞伊/『歌寶』 50, ×/『東歌』 136, 眞伊/『源國』 638(18), ×/『源奎』 682(18), ×/『源河』 675, ×/『源佛』 649(18), 眞伊/『源朴』 555(18), 眞伊松都妓生/『源皇』 540(18), ×/『海樂』 675(17), ×/『協律』 660(18), ×/『女謠』 18, ×/『三家樂府』, ×/『時全』 588/『時大』 817

梅花

137

梅花 녯 등걸에 春節이 도라 오니

녯 퓌던 柯枝에 퓌염즉 ᄒᆞ다마는

春雪이 亂紛紛ᄒᆞ니 퓔동 말동 ᄒᆞ여라.(意)

註解) 녯 등걸=해 묵은 등걸. 녯 퓌던=전에 피었던. 亂紛紛=어지러이 흩날림. 퓔동 말동=필지 말지.

『甁歌』 534, 梅花/『青珍』 290, 梅花/『海一』 142, 梅花/『海周』 144, 梅花/『詩歌』 285, 梅花/『樂서』 77, 梅花/『青洪』 245, ×/『青가』 297, 梅花/『青詠』 155, 梅花/『槿樂』 239, ×/『青六』 274, 梅花/『東歌』 137, 梅花/『源國』 361, 梅花/『源奎』 361, 梅花/『源河』 354, 梅花/『源六』 343, 梅花/『源佛』 345, 梅花/『源朴』 351, 梅花/『源皇』 348, 梅花/『海樂』 353, 梅花/『源一』 350, 梅花/『源東』 353, 梅花/『協律』 348, 梅花/『大東』 129, 梅花/『三家樂府』 梅花/『時全』 1009/『時大』

笑春風

138

齊도 大國이오 楚도 亦大國이라

됴고만 滕國이 間於齊楚 ᄒᆞ여시니

두어라 何事非君가 事齊事楚 ᄒᆞ리라.(意)

註解) 齊=중국 춘추 전국시대의 한 나라. 楚=춘추시대 五覇의 하나. 滕國=서남으로는 촉에, 동북으로는 제에 접근하여 끼어 있는 소국. 間於齊楚=제나라와 초나라의 사이에 끼어 있음. 事齊事楚=제나라도 섬기고 초나라도 섬김.

『甁歌』 557/『海一』 137/『海周』 139/『詩歌』 286/『樂서』 72/『青詠』 194/『槿樂』 219/『青淵』 227/『青六』 275/『興比』 94/『東歌』 138/『源河』 834/『源六』 787/『源佛』 788/『源朴』 709/『源皇』 696/『海樂』 854/『協律』 807/『女謠』 166/『歌謠』 29/『大東』 125/『時全』 2598/『時大』 3633

寒雨

139

어이 어러 자리 무슴 일 어러 자리
鴛鴦枕 翡翠衾을 어듸 두고 어러 자리
오늘은 촌 비 마자시니 더욱 덥게 자리라.(意)

註解) 어러 자리=얼어서 자랴. 鴛鴦枕=원앙을 수놓은 베개. 翡翠衾=비취를 소 놓은 이불. 촌 비=차가운 비. 마자시니=맞았으니.

『瓶歌』553/『海一』139/『海周』141/『詩歌』287/『樂서』74/『青洪』246/『青詠』156/『青六』276/『東歌』139/『時全』1961/『時大』2773

求之

140

長松으로 빅를 무어 大同江에 흘니 씌여
柳一枝 휘여다가 구지 구지 믹야시니
어듸셔 妄伶엣 거슨 소헤 들나 ᄒᆞᄂᆞ니.(意)

註解) 長松=큰 소나무. 무어=만들어. 柳一枝=人名으로 作家 求之의 愛夫. 구지 구지=굳이 소헤=沼에.

『瓶歌』554/『海一』140/『海周』142/『詩歌』288/『樂서』75/『青洪』247/『青詠』157/『青六』277/『東歌』140/『時全』2518/『時大』3556

松伊

141

솔이 솔이라 ᄒᆞ니 무슴 솔만 너기는다

千尋 絶壁에 落落長松 내 긔로다

길 아릭 樵童의 졉낫시야 걸어볼 줄 이시랴.(意)

註解) 너기는다=여기느야. 千尋 絶壁=천길이나 되는 절벽. 긔로다=그것이로다. 樵童=나뭇꾼. 졉낫=작은 낫.

『瓶歌』 547/ 『海一』 141/ 『海周』 143/ 『詩歌』 289/ 『樂서』 76/ 『青洪』 248/ 『青가』 302/ 『青詠』 158/ 『青六』 278/ 『東歌』 141/ 『源國』 421/ 『源奎』 421/ 『源河』 410/ 『源六』 411/ 『源佛』 413/ 『源朴』 407/ 『源皇』 404/ 『海樂』 411/ 『源一』 408/ 『源東』 419/ 『協律』 406/ 『時全』 1681/ 『時大』 2395

桂娘扶安名妓能詩有梅窓集以村隱劉希慶所眄劉上京後頓無音信故作此歌守節

142

梨花雨 훗색릴 제 울며 잡고 離別훈 님

秋風落葉에 저도 날을 生覺는가

千里에 외로온 꿈만 오락가락 ᄒ드라.(思)

註解) 梨花雨＝비처럼 떨어지는 배꽃. 훗색릴 제＝흩뿌릴 제. 秋風落葉＝가을 바람에 떨어지는 낙엽. 외로온＝외로운.

『瓶歌』556, 桂娘/『青珍』367, ×/『詩歌』535, ×/『樂서』68, 桂娘/『青洪』273, ×/『青가』386, ×/『青詠』362, ×/『東國』189, 桂娘 扶安 名妓/『青六』482(524), ×/『永類』25, ×/『興比』221, ×/『東歌』142, 桂娘扶安名妓能詩有梅窓集以村隱劉希慶所眄劉上京後頓無音信故作此歌守節/『源國』190(724,59), 桂娘扶安名妓能詩出梅窓集與劉村隱希慶故人村隱還京後頓無音信故作此歌而守節, 扶安妓生桂娘/『源奎』190(723,59), 桂娘扶安名妓能詩出梅窓集與劉村隱希慶故人村隱還京後頓無音信故作此歌而守節, 扶安名妓桂娘/『源河』177(715(59), 桂娘扶安名妓能詩出梅窓集與劉村隱希慶故人村隱還京後頓無音信故作此歌而守節, ×/ 『源六』179(67953), 桂娘扶安名妓能詩出梅窓集與柳村隱希慶故人, ×/ 『源佛』179(684,53), 桂娘扶安名妓能詩出梅窓集與劉村隱希慶故人, 桂娘扶安名妓能詩出梅窓集與劉村隱希慶故人村隱還京後頓無音信故作此歌而守節/ 『源朴』180(588,51), 桂娘扶安名妓, ×/『源皇』178(574,52), 桂娘扶安名妓能詩出梅窓集與劉村隱希慶故人村隱還京後頓無音信故作此歌而守節, ×/『海樂』183(719,61), 桂娘扶安名妓能詩出梅窓集與劉村隱希慶故人村隱還京後頓無音信故作此歌而守節, 扶安妓桂娘/『源가』354, ×/『源一』186, 桂娘扶安名妓/『源東』177, 桂娘扶安名妓能詩出梅窓集與劉村隱希慶故人村隱還京後頓無音信故作此歌而守節/ 『協律』179(695,53), 桂娘扶安名妓能詩出梅窓集與劉村隱希慶故人村隱還京後頓無音信故作此歌而守節, 桂娘扶安名妓/『花樂』187, 桂娘/『女謠』54, ×/『南太』145, ×/『歌謠』11, ×/『詩謠』25, ×/『大東』126, 桂娘扶安妓生能文有梅窓集/『時全』2377/『時大』3348

無名氏

143

ᄆᆞ암아 너는 어이 每樣의 졈어는다

닉 늙글 제면 [缺]들 每樣 졈어시랴

아마도 너 좃녀 단니다간 남 우일가 ᄒᆞ노라.此歌崔沖所作云(老)

註解) 졈어는다=젊었느냐. 졈어시랴=젊겠느냐. 좃녀=쫓아. 단니다간=다니다간. 남 우일가=남을 웃길까.

『瓶歌』604, ×/『青珍』394, ×/『海一』371, ×/『詩歌』313, ×/『樂서』351, ×/『青가』412, /『東國』28, ×/『槿樂』120, ×/『青淵』249, ×/『青六』321, ×/『歌寶』51, ×/『興比』70, ×/『東歌』143, 無名氏 此歌崔沖所作云/『源國』31, ×/『源奎』31, 徐敬德字可久號花潭康城人中宗朝居松京隱而不仕研窮義理宣祖朝贈左相謚文康公/『源河』27, ×/『源六』29, ×/『源佛』29, ×/『源朴』30, ×/『源皇』30, ×/『海樂』32, ×/『源가』26, 徐敬德/『源一』31, 徐敬德/『源東』28, ×/『協律』28, ×/『花樂』27, ×/『大東』32, ×/『時全』955/『時大』1377

144
白髮이 功名 이런들 사ᄅᆞᆷ마다 ᄃᆞ톨지니
날갓ᄒᆞᆫ 愚拙은 ᄇᆞ라도 못 ᄒᆞᆯ놋다
아마도 至極公道ᄂᆞᆫ 白髮인가 ᄒᆞ노라.(老)

註解) ᄃᆞ토지니=다툴지니. 날갓ᄒᆞᆫ=나같은. 愚拙=어리석고 옹졸함. ᄒᆞᆯ놋다=할것이로다. 公道=공변된 도리.

『靑珍』430, ×/『海一』459, ×/『詩歌』417, ×/『樂서』353, ×/『靑가』470, ×/『靑詠』359, ×/『東國』32, ×/『古今』73, ×/『槿樂』82, ×/『靑六』479, ×/『歌寶』91, ×/『永類』83, ×/『興比』387, ×/『東歌』144, ×/『源國』113, ×/『源奎』113, ×/『源河』102, ×/『源六』111, ×/『源佛』111, ×/『源朴』106, ×/『源皇』105, ×/『海樂』108, ×/『源가』73, ×/『源一』111, ×/『源東』110, ×/『協律』105, ×/『花樂』107, ×/『大東』24, 失名氏/『瓶歌』697, ×/『時全』1191/『時大』1705

145
남도 준비 업고 바든 뵈도 업것만은
怨讐白髮이 어드러로 온 거이고
白髮이 公道ㅣ 업도다 날 몬져 늙히ᄂᆞᆫ다.(老)

註解) 준비=준 것이. 바든 뵈도=받은 바도. 怨讐白髮=원수와 같은 백발. 어더러로=어디에서. 온 거이고=온 것인가. 白髮이 公道=백발은 누구에게나 때가 되면 공평하게 찾아옴. 몬져=먼저.

『瓶歌』601, ×/『靑珍』352, ×/『海一』374, ×/『詩歌』316, ×/『靑가』371, ×/『東國』119, ×/『靑淵』36, ×/『靑六』944, ×/『歌寶』46, ×/『東歌』145, ×/『源國』767(102), ×/『源奎』766(102), ×/『源河』763, ×/『源六』723(97), ×/『源佛』728(97), ×/『源朴』638(101), ×/『源皇』624(102), ×/『海樂』775(117), ×/『協律』738(96), ×/『女謠』101, ×/『大東』133, ×/『槿樂』297, ×/『永類』72, ×/『時全』502/『時大』698

146
남이 害홀지라도 나는 아니 겨로리라
춤으면 德이오 겨로면 궃트리니
구부미 제게 잇거니 결올 줄이 이시랴.(述)

註解) 궃트리니=같아지리니. 구부미=굽음이. 그릇된 것이. 결올 줄이=겨를 것이.

『甁歌』 791/『靑珍』 343/『詩歌』 292/『靑가』 362/『靑六』 400/『東歌』 146/『源國』 318/『源奎』 318/『源河』 314/『源六』 323/『源佛』 325/『源朴』 305/『源皇』 302/『海樂』 307/『源東』 336/『協律』 305/『花樂』 326/『三家樂府』/『時全』 539/『時大』 746

147
치위를 마글션졍 구트여 비단 옷가
고픈 빅 메올션졍 山菜라타 관계ᄒᆞ랴
이 밧긔 雜시름 업스면 긔 죠흔가 ᄒᆞ노라.(述)

註解) 치위=추위. 마글션졍=막을지언정. 옷가=옷인가. 山菜라타=산나물이라고 해서.

『靑珍』 326/『詩歌』 295/『靑洪』 249/『靑가』 345/『東歌』 147/『大東』 28/『時全』 3025/『時大』 4271

148
長生術 거즛말이 不死藥을 제 뉘 본고
秦皇塚 漢武陵에 暮煙 秋草 뿐이로다
두어라 꿈ㄱ흔 人生이 아니 놀고 어이리.(慨)

註解) 長生術=오래 사는 도술. 거즛말이=거짓말이. 不死藥=불로초. 暮煙 秋草=저녁 연기와 가을 풀.

『海一』 446/ 『青六』 353/ 『興比』 77/ 『時調』 45/ 『源國』 45/ 『源奎』 45/ 『源河』 40/ 『源六』 42/ 『源佛』 42/ 『源朴』 44/ 『源皇』 44/ 『海樂』 46/ 『源가』 37/ 『源一』 44/ 『源東』 42/ 『協律』 42/ 『花樂』 40/ 『南太』 82/ 『詩餘』 51/ 『歌謠』 52/ 『詩謠』 145/ 『時全』 2513/ 『時大』 3549

149
萬頃 滄波水로도 다 못 시슬 千古愁를
一壺酒 가지고 오늘이야 시서괴야
太白이 이러흠으로 長醉 不醒 ᄒ닷다.(隱)

註解) 시슬=씻을. 千古愁=많은 시름. 一壺酒=한 호리병의 술. 시서괴야=씻었구나. 太白=이태백. 長醉 不醒=오래도록 취한 채 깨지 않음.

『瓶歌』 605/ 『青珍』 335/ 『海一』 481/ 『海周』 / 『詩歌』533 / 『青洪』 255/ 『青가』 354/ 『青詠』 255/ 『青六』 555/ 『東歌』 149/ 『源國』 354/ 『源奎』 354/ 『源河』 348/ 『源六』 338/ 『源佛』 340/ 『源朴』 343/ 『源皇』 340/ 『海樂』 345/ 『源一』 343/ 『源東』 349/ 『協律』 341/ 『花樂』 361/ 『詩謠』 76/ 『時全』 961/ 『時大』 3549

150
젓소릐 반기 듯고 竹窓을 밧비 여니
細雨長堤에 쇠등의 아희로다
江湖에 봄 들거다 낙딕 推尋 ᄒᆞ리라.(意)

註解) 젓소릐=피리소리. 반기 듯고=반겨듣고. 細雨長堤=가랑비 내리는 긴 둑. 쇠등=소의 등. 아희로다=아이로다. 낙시=낚시.

『甁歌』 591, ×/『青珍』 306, ×/『海一』 341, ×/『詩歌』 415, ×/『樂서』 301, ×/『青洪』 262, ×/『青가』 322, ×/『青詠』 317, ×/『東國』 160(235), ×/『槿樂』 176, ×/『青淵』 196, ×/『青六』 395, ×/『興比』 364, ×/『東歌』 150, ×/『源國』 409, ×/『源奎』 409, ×/『源朴』 400, ×/『源六』 394, ×/『源佛』 396, ×/『源朴』 395, ×/『源皇』 392, ×/『海樂』 399, ×/『源가』 204, ×/『源一』 398(642), ×/『源東』 403, ×/『協律』 394, ×/『花樂』 417, ×/『古今』 140, ×/『時全』 2586/『時大』 3676

151
秋江에 밤이 드니 물결이 ᄎᆞ노믹라
낙시 드리오니 고기 아니 무논믹라
無心ᄒᆞᆫ 달빗만 싯고 뷘 비 져어 가노라.(景)

註解) ᄎᆞ노믹라=차구나. 드리오니=들이치니. 무노믹라=무노라. 뷘 비=빈 배.

『甁歌』 593/『青珍』 308/『海一』 345/『詩歌』 324/『古今』 160/『槿樂』 175/『青淵』 160/『青六』 920/『東歌』 151/『源國』 126/『源奎』 126/『源河』 115/『源六』 138/『源佛』 138/『源朴』 120/『源皇』 118/『海樂』 123/『源一』 124/『源東』 120/『協律』 119/『花樂』 122/『大東』 200/『時全』 2966/『時大』 4181

152

ᄃᆞᆯ이 두렷ᄒᆞ여 碧空에 걸여시니

萬古風霜에 ᄯᅥ러졈즉 ᄒᆞ다마는

至今에 醉客을 慰ᄒᆞ여 長照金樽 ᄒᆞ니라.(景)

註解) 두렷ᄒᆞ여=둥그러서. 碧空=푸른 하늘. 萬古風霜=오랜 세월 동안 바람과 서리를 겪음. ᄯᅥ러졈=떨어짐. ᄒᆞ다마은=하다만은. 長照金樽=길고 맛있는 술통을 비출.

『甁歌』188, 李德馨/『靑珍』379, ×/『海一』409, ×/『詩歌』121, 李德馨/『靑가』404, ×/『靑詠』360, ×/『東國』269, ×/『古今』175, ×/『槿樂』202, ×/『靑淵』215, ×/『靑六』119, 李德馨/『歌寶』81, ×/『永類』175, ×/『時調』83, ×/『東歌』152, ×/『源國』325, 李德馨字明甫號漢陰/『源奎』325, 李德馨字明甫號漢陰/『源河』320, 李德馨號漢陰/『源六』303(407), ×, 李德馨/『源佛』305(409), ×, 李德馨字明甫號漢陰慶州人宣祖朝登第湖堂文衡官至領相諡文翼/『源朴』312, 李德馨/『源皇』309, 李德馨/『海樂』314, 李德馨/『源一』316, 李德馨/『源東』318(415), ×, 李德馨/『協律』311, 李德馨/『花樂』333, 李德馨/『南太』164, ×/『詩餘』84, ×/『歌謠』55, ×/『時全』780/『時大』1110

153
히 져 黃昏이 되면 네 못가도 제 오더니
제 몸에 病이든지 뉘손에 잡혀는지
얼마나 건장흔 님이 완디술 쓴 애를 긋ᄂᆞ니.(思)

註解) 히 저=해가 져서. 제=너가. 잡혀는지=잡혀는지.

『海一』 433, ×/『樂서』 329, ×/『青淵』 193, ×/『歌寶』 131, ×/『永類』 98, ×/『東歌』 153, ×/『東國』 282, ×/『青六』 378, ×/『源國』 332, ×/『源奎』 332, ×/『源河』 328, ×/『源六』 310, ×/『源佛』 312, ×/『源朴』 319, ×/『源皇』 316, ×/『海樂』 321, ×/『源가』 168, ×/『源一』 323, ×/『源東』 325, ×/『協律』 319, ×/『花樂』 341, ×/『三家樂府』 ×/『時全』 3217/『時大』 4566

154
ᄃᆞᆰ아 우지 마라 일 우노라 ᄌᆞ랑 마라
半夜 秦關에 孟嘗君 아니로다
오늘은 님 오신 날이니 아니 우다 엇더리.(述)

註解) 일=일찍. 半夜 秦關=진나라의 맹상군이 진나라에서 도망해 나오다가 函谷關에 이르러 성문이 닫혔으므로, 그 때 식객중의 한사람이 닭의 울음소리를 내며, 수문장이 날이 샌 줄 알고 성문을 열어 도망칠 수 있었다는 고사. 孟嘗君=중국 제나라의 공족이며, 전국시대 말기의 '사군'의 한 사람.. 우다=운다 한들.

『瓶歌』 636/『詩歌』 432/『樂서』 284/『青가』 311/『古今』 197/『青淵』 221/『青六』 424/『興比』 80/『東歌』 154/『源國』 396/『源奎』 346/『源河』 342/『源六』 327/『源佛』 329/『源朴』 334/『源皇』 331/『海樂』 336/ 『源一』 337/『源東』 340/『協律』 334/『花樂』 353/『女謠』 996/『時全』 787/『時大』 1118

155
風波에 놀난 沙工 ᄇᆡ 팔라 ᄆᆞᆯ을 사니

九折 羊腸이 물두곤 어려왜라

이 後는 ᄇᆡ도 말도 ᄆᆞᆯ고 밧 갈기만 ᄒᆞ리라.李參判彦紀作云(述)

註解) 風波=파도. ᄇᆡ ᄑᆞ라=배를 팔아서. 九折 羊腸=굽이 굽이 틀어진 양의 창자처럼 험준한 산 길. 물도곤=물길 보다. 어려왜라=어렵구나.

『甁歌』 216/『靑珍』 163/『海一』 413/『詩歌』 155/『樂서』 359/『靑가』 155/『靑詠』 96/『古今』 68/『槿樂』 290/『靑淵』 128/『靑六』 177/『歌譜』 121/『永類』 214/『興比』 85/『東歌』 115/『源國』 177/『源奎』 177/『源河』 161/『源六』 167/『源佛』 167/『源朴』 167/『源皇』 165/『海樂』 171/『源一』 173/『源東』 165/『協律』 166/『花樂』 171/『南太』 150/『大東』 102/『時全』 3123/『時大』 4436

156

柴桑里 五柳村에 陶處士의 몸이 되여

줄 업슨 거문고를 솔의 업시 집허시니

白鶴도 知音ᄒᆞ던지 우즑우즑 ᄒᆞ더라.(咏)

註解) 柴桑里 五柳村陶處士=「柴桑」은 강서성 구강현의 서남쪽에 있는 산이고 「五柳村」은 도연명이 살던 마을. 「陶處士」는 도잠을 가리킴. 줄 업슨=줄 없는. 知音=음악의 곡조를 앎. 우즑우즑=우줄우줄.

『瓶歌』 657, ×/『詩歌』 475, ×/『東國』 175, ×/『槿樂』 177, ×/『青六』 477, ×/『永類』 217, ×/『興比』 313, ×/『時調』 122, ×/『東歌』 156,『調詞』 25, ×/『源國』 42, ×/『源奎』 42, ×/『源河』 37, ×/『源六』 38, ×/『源佛』 38, ×/『源朴』 41, ×/『源皇』 41, ×/『海樂』 43, ×/『源가』 35, ×/『源一』 42, ×/『源東』 38, ×/『協律』 39, ×/『花樂』 37, 元觀瀾/『南太』 124, ×/『詩餘』 68, ×/『時全』 1768/『時大』 2526

157

기러기 다 나라 가고 셔리는 몃 번 온고

秋夜도 김고 길샤 客愁도 ᄒᆞ고 하다

밤中만 滿庭 月色이 故鄕 본 듯ᄒᆞ여라.(述)

註解) 셔리=서리. 김고 길샤=깊고 길사.

『瓶歌』 399/『海周』 312/『樂서』 164/『東歌』 157/『時全』 397/『時大』 559

158

青春 少年드아 白髮老人 웃지 마라

公番된 하늘아릐 넨들 每樣 점어시랴

우리도 少年行樂이 어제론듯 ᄒᆞ여라.(老)

註解) 白髮老人=머리가 하얗게 센 노인. 하늘아릐=하늘아래. 每樣=항상. 늘. 점어시랴=젊었으랴, 젊겠느냐.

『甁歌』 602, ×/『靑珍』 354, ×/『海一』 377, ×/『詩歌』 317, ×/『樂서』 328, ×/『靑가』 373, ×/『靑詠』 290, ×/『東國』 274, ×/『古今』 97, ×/『槿樂』 108, ×/『靑六』 108, ×/『歌寶』 92, ×/『永類』 49, ×/『時調』 79, ×/『東歌』 158, ×/『源國』 367, ×/『源奎』 367, ×/『源河』 359, ×/『源朴』 356, ×/『源皇』 353, ×/『海樂』 358, ×/『源가』 159, ×/『源一』 356, ×/『源東』 360, ×/『協律』 353, ×/『花樂』 371, ×/『南太』 158, ×/『詩餘』 83, ×/『時全』 2904/『時大』 4071

159
朝天路 지나거다 玉河關이 어듸 믜오
大明 崇禎이 어듸러로 가시게고
三百年 事大誠信이 쑴이런가 ᄒᆞ노라.(古)

註解) 朝天路=천자를 뵈러 가는 길. 보믜단 말가=녹이 끼었다는 말인가. 玉河關=중국 北京市 서북쪽의 玉泉에 있던 관의 이름. 大明 崇禎=崇禎은 명나라 말기의 연호. 三百年 事大誠信=선초부터 병자국치가 있기까지 명을 섬기던 정성과 신의. 쑴이런가=꿈이던가.

『甁歌』 37/『靑珍』 218/『海一』 11/『海周』 11/『詩歌』 18/『靑洪』 26/ 『靑詠』 20/『槿樂』 46/『靑六』 21/『永類』 81/『興比』 17/『東歌』 159/『源國』 235/『源奎』 235/『源河』 167/『源六』 222/『源佛』 223/『源朴』 225/『源皇』 224/『海樂』 226/『源一』 230/『源東』 222/『協律』 224/『花樂』 177/『時全』 2615/『時大』 3699

160

楚伯王 壯혼 뜻도 죽기도곤 離別 셜워

玉帳悲歌에 눈물은 지어시니

至今에 烏江風浪에 우단 말이 업세라.(別)

註解) 楚霸王=항우를 이름. 뜻도=뜻도. 셜워=슬퍼. 玉帳 悲歌=항우가 해하에서 漢軍에 포위되어 우미인과 함께 장중에서 불렀다는 슬픈 노래. 烏江風浪=오강의 풍랑. 우단=울었다는.

『甁歌』 631, ×/『靑珍』 437, ×/『詩歌』 425, ×/『樂서』 274, ×/『靑洪』 284, ×/『靑가』 497, ×/『東國』 128, ×/『靑淵』 45, ×/『靑六』 492, ×/『歌寶』 90, ×/『興比』 84, ×/『東歌』 160, ×/『源國』 160, ×/『源奎』 383, ×/『源河』 376, ×/『源六』 370, ×/『源佛』 372, ×/『源朴』 371, ×/『源皇』 368, ×/『海樂』 373, ×/『源가』 190, ×/『源一』 372, ×/『源東』 377, ×/『協律』 368, ×/『花樂』 392, ×/『時全』 2952/『時大』 4157

161
太公의 고기낙든 낙딕 긴 줄 믹야 압닉에 가셔
銀鱗玉尺을 버들 움에 쎄여 들고 나니
杏花村 酒家에 모든 벗님닉는 더듸 온다 ᄒᆞ더라.(詠)

註解) 太公=呂尙. 낙딕=낚싯대. 믹야=매어서. 압닉에=앞내에. 銀鱗王尺=흰 빛의 큰 물고기. 움=싹. 쎄여=궤어서. 杏花村=술집.

『樂서』 431, /『海一』 581, /『靑詠』 350, /『東國』 305, /『靑淵』 247, /『靑六』 347, /『歌寶』 188, /『興比』 100, /『東歌』 161, /『源國』 391, 朴後雄字君弼肅宗朝同之朝鮮名歌界騷聳伊出於此人/『源奎』 391, 朴後雄字君弼肅宗朝同之朝鮮名歌界騷聳伊出於此人/『源河』 384, 朴後雄字君弼肅宗朝同之東國名歌騷聳伊出於此人/『源六』 379, 朴後雄字君弼名歌騷聳出於此肅宗朝同知/『源佛』 381, 朴後雄字君弼名歌騷聳出於此肅宗朝同知/『源朴』 379, 朴後雄字君弼/『源皇』 376, 朴後雄字君弼肅宗朝同知朝鮮名歌界騷聳出於此人/『海樂』 381, 朴後雄字君弼肅宗朝同之朝鮮名歌界騷聳伊出於此人/『源가』 194, 朴後雄/『源一』 380, 朴後雄名歌/『源東』 387, 朴後雄字君弼肅宗朝同知名歌騷聳出於此/『協律』 376, 朴後雄肅宗時名歌騷聳出於比人/『花樂』 399, 朴後雄/『大東』 146, 失名氏/『時全』 3049/『時大』 4314

162
梧桐에 月上ᄒᆞ고 楊柳에 風來ᄒᆞᆯ 제
畝方塘에 天光雪影 잠겨셰라
이 中에 一般淸意味 아어닉긔 지이시랴.(詠)

註解) 月上=달이 떠오름. 잠겨셰라=잠겼도다.

『海一』 359/『樂서』 325/『靑洪』 11/『靑詠』 138/『靑六』 450/『源國』 64/『源奎』 64/『源河』 61/『源六』 64/『源佛』 64/『源朴』 60/『源皇』 60/『海樂』 62/『源一』 63/『源東』 65/『協律』 59/『花樂』 62/『時全』 2071/『時大』 2932

163
옷 버서 아희 쥬어 술집에 볼모ᄒᆞ고
靑天을 우러러 돌ᄃᆞ려 무른 말이
어즈버 謫仙의 나문 興이 날과 엇더 하더니.(酒)

註解) 볼모=典當. 돌ᄃᆞ려=달에게. 날과=나와.

『甁歌』 471/ 『海周』 409/ 『樂서』 193/ 『東歌』 163/ 『大東』 120/ 『時全』 2128/ 『時大』 3009

164
百川이 東到海ᄒᆞ니 何時에 復西流오
古往今來에 逆流水 업것만ᄂᆞᆫ
엇진지 肝腸 서근 물은 눈으로서 나ᄂᆞ니.(思)

註解) 白川이 東到海=모든 강이 동쪽으로 흘러 동해 바다에 이름. 何時에 復西歸오=어느 날에 다시 서쪽으로 돌아 갈까. 古往 今來=예로부터 지금까지. 逆流水=거슬러 흐르는 물. 업것만은=없건만은. 서근=썩은.

『甁歌』 393, 朱義植/ 『詩歌』 443, ×/ 『靑詠』 333, ×/ 『東國』 130, ×/ 『古今』 191, ×/ 『槿樂』 222, ×/ 『靑淵』 14, ×/ 『靑六』 373, ×/ 『歌寶』 91, ×/ 『永類』 137, ×/ 『興比』 327, ×/ 『東歌』 164, ×/ 『源國』 786, ×/ 『源奎』 785, ×/ 『源河』 785, ×/ 『源六』 740, ×/ 『源佛』 745, ×/ 『源朴』 657, ×/ 『源皇』 643, ×/ 『海樂』 797, ×/ 『源가』 388, ×/ 『源一』 665, ×/ 『源東』 369, ×/ 『協律』 757, ×/ 『女謠』 118, ×/ 『歌謠』 54, ×/ 『詩謠』 42, ×/ 『大東』 189, ×/ 『시철가』 53, ×/ 『三家樂府』 ×/ 『源六』 362, 崔沖見上/ 『源佛』 364, 崔沖字浩然高麗時四朝出將入相/ 『時全』 1212/ 『時大』 1731

165
북 소ᄅᆡ 들니는 졀이 머다 ᄒᆞᆫ들 긔 얼마 멀니
青山之上이오 白雲之下언마는
그 곳ᄃᆡ 烟霧 ᄌᆞ자시니 아모된 줄 몰ᄂᆡ라.(詠)

註解) 졀=절. 머다=멀다. 얼마리=얼마나. 青山之上이요 白雲之下=산 위요 구름 아래에 있음. ᄌᆞ자시니=잡았으니.

『甁歌』 574/『詩歌』 479/『青六』 389/『東歌』 165/『源國』 388/『源奎』 388/『源河』 381/『源六』 376/『源佛』 378/『源朴』 376/『源皇』 373/『海樂』 378/『源가』 191/『源一』 377/『源東』 384/『協律』 373/『花樂』 397/『時仝』 1321/『時大』 1885

166

清溪上 草堂外에 봄은 어이 느짓눈고

梨花 白雪香에 柳色이 黃金頼이로다

萬壑雲 蜀魂聲中에 春事茫然 ᄒᆞ여라.(春)

註解) 艸堂=억새나 짚 등으로 지붕을 이은 조그마한 별채. 梨花 白雲香=배꽃은 흰 눈 같으면서 향기로움. 萬壑雲=만 골짝의 구름. 蜀魂聲=두견의 울음소리. 春事茫然=봄을 느끼는 뒤숭숭한 생각에 멀거니 있음.

『甁歌』662, ×/『樂서』278, ×/『靑洪』34, 黃喜字懼夫號厖村世宗朝相/『靑가』685, ×/『靑詠』36(163), 厖村黃喜字懼夫長水人前朝文科世宗朝拜相, 黃熹/『東國』169, ×/『古今』110, ×/『槿樂』128, ×/『靑六』892, ×/『歌寶』345, ×/『永類』74, ×/『興比』233, ×/『時調』55, ×/『東歌』166, ×/『源國』687(22), ×/『源奎』686(22), ×/『源河』300(679), 黃熹, ×/『源六』642(21), 黃熹/『源佛』652(21), 黃喜字懼夫號狵村世宗朝相/『源朴』557(20), 黃喜/『源皇』542(20), ×/『海樂』682(24), ×/『源가』330(15), ×/『協律』663(21), ×/『花樂』309, 黃熹/『女謠』22, ×/『南太』104, ×/『歌謠』12, ×/『詩謠』9, ×/『大東』3, 黃喜字懼夫號厖村領議政翼成公/『시철가』2, ×/『時全』2837/『時大』3990

白景炫 字時晦 號 悟齋

167

天地間 至樂事는 老萊子의 悅親이라

斑衣로 춤을 추어 늙도록 어린 체는

百歲後 다시 못ᄒᆞᆫ 일은 이 쁜인가 ᄒᆞ노다.(孝)

註解) 天地間 至樂事=세상에서 가장 즐거운 일. 老萊子의 悅親이라 斑衣=중국의 효자로 나이 칠십에 노부모를 기쁘게 해드리기 위해 색동옷을 입고 춤을 추었다는 고사.

『東歌』167/『時全』2787/『時大』3929

168
사룸이 百行中에 第一誠孝로다
誠孝을 심쁠진틴 百行에 미귀느니
그밧게 餘事文章은 닐러 무숨 ᄒ리오.(孝)

註解) 百行中=마땅히 해야 할 온갖 人道. 孟宗의 泣竹=맹종은 중국 삼국시대의 이름난 효자로 어머니가 겨울에 竹筍을 먹고 싶어 하시매, 겨울 대밭에 들어가 哀歎하니 눈물이 떨어진 곳에서 죽순이 나와 어머니에게 드렸다는 고사. 陸績의 懷橘=陸績이 귤을 품고 돌아 왔다는 고사. 獻芹之誠=야인으로서 미나리나마 임금님께 드리고 싶어하는 알뜰한 연군의 마음.

『東歌』 168/ 『時全』 1385/ 『時大』 1961

169
이리도 聖恩이오 져리도 聖恩이라
이 몸 一生이 何莫非聖恩이랴
아마도 갑기 어려올 슨 聖恩인가 하노라.(忠)

註解) 何莫非聖恩=어찌 성은이 아닌 것이 있으랴. 갑기=갚기가. 어려올 슨=어려운 것음. 聖恩=임금의 은덕.

『東歌』 169/ 『時全』 2298/ 『時大』 3242

170
白髮아 너는 어이 無端이 졀노 오니
뉘라셔 보내던냐 내 언졔 부ᄅ든냐
아마도 너 오는 時節은 다 늙근가 ᄒ노라.(老)

註解) 無端=까닭 없이. 부ᄅ든냐=부르더냐. 늙근가=늙은가.

『東歌』170/『時全』1184/『時大』1698

171
長松이 푸른 겻희 桃花는 불거 잇다
桃花야 쟈랑 마라 너는 一時 春色이라
아마도 四節 春色은 솔 뿐인가 ᄒ노라.(意)

註解) 겻희=곁에. 불거=붉어. 一時 春色=한 때의 봄빛. 솔=소나무.

『東歌』171/『時全』2519/『時大』3557

172
歲月이 얼풋 가니 나문 나히 긔 얼마오
鬢髮이 ᄒᆞᆫ 번 희니 다시 검기 어렵도다
일즉이 學神仙 못ᄒᆞᆯ 줄을 못닉 恨歎 ᄒ노라.(老)

註解) 얼풋=얼핏. 나문=남은. 나히=나이. 鬢髮=터럭. 學神仙 못ᄒᆞᆯ=신선을 따라 배우지 못한.

『東歌』172/『時全』1635/『時大』2319

173

사룸이 죽은 後에 아는지 모로는지

大卓 方丈을 歆享을 ᄒᆞ단 말가

아마도 不如生前 一盃酒ㅣ가 ᄒᆞ노라.(酒)

註解) 大卓 方丈=성대하게 차려 놓은 음식상. 歆饗=신명이 제물을 받아 그 영기를 마심. 不如生前 一盃酒=살아 생전에 먹는 한 잔 술만 같지 못함.

『東歌』 173/『時全』 1393/『時大』 1978

174

一生에 恨ᄒᆞ기를 神農氏 嘗百草라

嘗百草 ᄒᆞ올 ᄯᅢ예 長生藥을 못 안 줄을

北邙山 秋風 白楊을 못ᄂᆡ 슬허 ᄒᆞ노라.(老)

註解) 長生藥=不老草. 北邙山=공동묘지.

『東歌』 174/『時全』 2433/『時大』 3431

175

物色을 보려 ᄒᆞ고 江湖로 나려 가니

반갑다 紅蓮花ᄂᆞᆫ 날 爲ᄒᆞ여 푸엿ᄂᆞᆫ가

褰裳코 빅 우희 안ᄌᆞ 薄言采之 ᄒᆞ쇼라.(意)

註解) 物色=주. 紅蓮花=붉은 연꽃. 푸엿ᄂᆞᆫ가=피었는가. 褰裳=치마를 걷어 올림. 薄言采之=잠간 동안 캠. 우희=위에. ᄒᆞ쇼라=하여라.

『東歌』175/『時全』1082/『時大』1545

金鼎禹 字 象之

176

어와 벗님네야 天麻城中을 둘너 보고

處處 楓景이 漢北과 엇더ᄒᆞᆫ고

아마도 山高 水喧이나 故國인가 ᄒᆞ노라.(問)

註解) 天麻城=평북 삭주와 의주 사이에 있는 산성. 山高 水喧=산은 높고 물 소리 요란함.

『東歌』176/『時全』1938/『時大』2750

177
묻노라 져 禪師ㅣ야 關東風景 엇더터니
鳴沙十里에 海棠花 불건는듸
遠浦에 兩兩白鷗ㅣ는 飛疎雨를 ᄒᆞ더라.(問)

註解) 禪師=스님. 중을 높여 이름. 關東=대관령 동쪽의 강원도 지방. 엇더터니=어떻더니. 明沙十里=함남 원산에 있는 모래톱. 고운 모래가 십리나 깔리고 해당화가 핌. 遠浦에 兩兩白鷗는 飛疎雨=먼 포구에 쌍쌍이 나는 갈매기만 성긴 빗속에 날고 있음.

『瓶歌』 646, ×/『詩歌』 476, ×/『樂서』 277, ×/『靑詠』 299, ×/『東國』 133, ×/『槿樂』 296, ×/『靑淵』 228, ×/『靑六』 387, ×/『歌寶』 109, ×/『永類』 205, ×/『興比』 96, ×/『東歌』 177, ×/『源國』 753(88), ×/『源奎』 752(88), ×/『源河』 748, ×/『源六』 240(706(75)) 成忠百濟人, ×/『源佛』 242(706(75)), 成忠百濟人, ×/『源朴』 624(87), ×/『源皇』 610(88), ×/『海樂』 761(103), ×/『源가』 369(54), ×/『源一』 648, ×/『源東』 253, 成忠百濟人/『協律』 725(83), ×/『女謠』 86, ×/『詩謠』 94, ×/『大東』 162, 申緯字漢叟號紫霞吏曹參判/『시철가』 32, ×/『時全』 1097/『時大』 1559

178
푸른 山中 白髮翁이고요 獨坐向南峰이라 바람 부니 松生瑟이오 안기 이니 壑成紅이라 주걱 啼 禽 千古恨이오 젹다 鼎鳥는 一年豊이로다
어늬 뉘 山이 寂寞타던고 나는 홀노 樂無窮인가 ᄒᆞ노라.(詠)

註解) 孤寂獨坐 向南峰=남쪽 봉우리를 향해 혼자서 앉아 있음. 松生瑟=소나무를 스쳐 부는 바람 소리는 금슬을 타는 듯함. 안기 이니=안개가 피어나니. 壑成虹=골짜기가 온통 붉은 단풍으로 뒤덮임. 주걱 啼 禽은 千古恨=주걱새 우는 소리는 천고의 한을 노래함. 젹다 鼎鳥는 一年豊=솥적새 우니 이 해도 풍년이 들겠음. 山寂寞=산속의 적막함. 樂無窮=즐거움이 끝이 없음.

『甁歌』 1057, ×/『靑六』 801, ×/『海一』 558, ×/『詩歌』 587, ×/『靑가』 656, ×/『靑詠』 524, ×/『東國』 384, ×/『靑六』 801, ×/『歌寶』 211, ×/『興比』 405, ×/『東歌』 178, ×/『源國』 604, ×/『源奎』 603, ×/『源河』 595, ×/『源六』 529, ×/『源佛』 531, ×/『源朴』 477, ×/『海樂』 588, ×/『源一』 573, ×/『協律』 584, ×/『花樂』 600, ×/『南太』 190, ×/『詩餘』 95, ×/『大東』 260, ×/『南太』 190, ×/『時全』 3104/『時大』 4410

179

窓 밧긔 菊花를 심거 菊花 밋틔 술을 비져 두니

술 익쟈 菊花 픠자 벗님 오쟈 둘 도다 온다

아희야 盞 그득 부어라 玩月長醉 ᄒᆞ리라.(意)

註解) 심거=심어. 익쟈=익자. 둘=달.

『海一』533/『青詠』475/『時全』2718/『時大』

180

우는 거시 벅구기요 플은 거시 버들가

漁村 두셰 집이 暮煙에 좀겨 셔라

아히야 새고 기오른다 헌 그물을 기워라.(景)

註解) 벅구기=뻐꾸기. 暮煙=저녁 연기. 기오른다=기오른다.

『甁歌』3091/『詩歌』312/『青洪』263/『青詠』319/『青六』377/『東歌』180/『時全』2176/『時大』3068

181
峨嵋山 半輪秋와 赤壁江山 無限景을

蘇東坡 李謫仙이 놀고 남겨 찌친 뜻은

後世에 墨客騷人을 니어 놀게 ᄒᆞ미라.

註解) 峨嵋山 半輪秋=아미산 달 반륜의 가을 경치. 赤壁江山 無限景=적벽강 위에 끝없는 경치. 뜻은=뜻은. 니어=이어.

『甁歌』585, ×/『詩歌』444, ×/『靑가』678, ×/『靑詠』293, ×/『東國』153, ×/『槿樂』299, ×/『靑六』365, ×/『興比』60, ×/『時調』41, ×/『東歌』181, ×/『源國』279, ×/『源奎』279, ×/『源河』277, ×/『源六』261, ×/『源佛』263, ×/『源朴』268, ×/『源皇』265, ×/『海樂』270, ×/『源가』147, ×/『源一』272, ×/『源東』282, ×/『協律』268, ×/『花樂』284, ×/『南太』71, ×/『詩餘』44, ×/『大東』150, 失名氏/『青蓮集』, 李後白/『時全』1814/『時大』2593

182
네 집이 어듸메오 저 뫼너머 긴 江 우희

竹林 深處에 외사립 다돗는듸

그 알픠 白鷗 등쩌시니게 가 무러 보시소.(問)

註解) 어듸메오=어드메인가. 외사립=외짝 사립문. 알픠=앞에. 가=가서.

『甁歌』675/『海一』342/『詩歌』460/『靑洪』261/『槿樂』141/『靑六』427/『興比』334/『東歌』182/『源國』178/『源奎』178/『源河』162/『源六』168/『源佛』168/『源朴』168/『源皇』166/『海樂』172/『源가』113/『源一』174/『源東』166/『協律』167/『花樂』172/『女謠』/『三家樂府』/『時全』625/『時大』870

183

平生에 恨 ᄒᆞ기를 羲皇적의 못 난 줄이

草衣룰 무릅고 木実을 먹을만졍

人心이 純厚ᄒᆞ던 줄을 못 닉 부워 ᄒᆞ노라.(意)

註解) 羲皇적=태고 때의 태평시절. 못 난 줄이=태어나지 못한 것이. 草衣=갈잎으로 만든 옷. 木実=나무 열매. 純厚=인심이 순박하고 후함. 부러=부러워.

『瓶歌』 43, 崔沖/『青珍』 377, ×/『海一』 351, ×/『詩歌』 422, ×/『樂서』 299, ×/『青가』 402, ×/『青詠』 168, 崔沖高麗將相//『東國』 33, ×/『槿樂』 80, ×/『青淵』 38, ×/『青六』 329, ×/『歌寶』 120, ×/『永類』 23, ×/『興比』 19, ×/『時調』 68, ×/『東歌』 183, ×/『源國』 105, 崔沖字浩然高麗時四朝出將入相/『源奎』 105, 崔沖字浩然高麗時四朝出將入相/『源河』 94, 崔沖高麗時四朝出將入相/『源六』 99, 崔沖字浩然高麗時四朝出將入相/『源佛』 99, 崔沖 字浩然高麗時四朝出將入相/『源朴』 99, ×/『源皇』 98, ×/『海樂』 101, 崔沖字浩然高麗時四朝出將入相/『源一』 103, 崔沖高麗時四朝 出將入相/『源東』 97, 崔沖字浩然高麗時四朝出將入相/『協律』 97, 崔沖高麗時四朝出將入相/『花樂』 99, 崔沖/『南太』 135, ×/『詩餘』 140, ×/『大東』 25, ×/『時全』 2431/『時大』 3431

184
이 몸이 죽어지거는 三水甲山 져비 되야

님 ᄌᆞᄂᆞᆫ 窓 밧 춘여 긋마다 집을 ᄌᆞ로 種種 지어 주고 있다감

그 집의 드ᄂᆞᆫ 체ᄒᆞ고 님의 품에 들니라.(思)

註解) 춘여=추녀. ᄌᆞ로 種種=자주 종종. 드ᄂᆞᆫ 체=들어가는 척.

『海一』521/『靑가』649/『歌譜』326/『東歌』184/『源國』159/『源奎』159/『源河』143/『源六』151/『源佛』151/『源朴』149/『源皇』147/『海樂』150/『源가』99/『源一』156/『源東』149/『協律』148/『花樂』150/『女謠』158/『大東』280/『時全』2320/『時大』3265

185
내 집이 골이 깁허 杜鵑이 나졔 운다

萬壑 千峰에 외사립 다단ᄂᆞᆫᄃᆡ

져 ᄀᆡ야 秋風落葉에 즈저 무슴 ᄒᆞ리오.(咏)

註解) 나졔 운다=낮에 운다. 萬壑 千峰=많은 골짜기와 봉우리. 외사립=외짝으로 된 사립문. ᄀᆡ야=개야. 往來鳥獸=오가는 새와 짐승.

『甁歌』724/『東歌』185/『時全』601/『時大』836

186

青山도 절노 절노 綠水도 절로 절로

山 절로 水 절로 山水間에 나도 절로

그 中에 절로 ᄌᆞ란 몸이 늙기도 절로 ᄒᆞ리라.(咏)

註解) 절노=저절로. ᄌᆞ란=자라난.

『甁歌』 1013/『靑珍』 462/『海一』 236/『海周』 242/『詩歌』 581/『樂서』 122/『靑가』 690/『古今』 141/『槿樂』 170/『靑淵』 105/『靑六』 982/『歌譜』 254/『永類』 263/『興比』 159/『時調』 40/『東歌』 186/『源國』 826/『源奎』 825/『源河』 821/『源六』 774/『源佛』 776/『源朴』 697/『源皇』 683/『海樂』 841/『源가』 414/『協律』 794/『女謠』 154/『南太』 68/『詩餘』 42/『歌謠』 64/『詩謠』 63/『大東』 108/『時全』 2857/『時大』 4016

187

山村에 눈이 오니 石逕이 무쳣거다

柴扉롤 여지 마라 날 ᄎᆞ즈리 뉘 이시리

밤듕만 一片明月이 긔 벗인가 ᄒᆞ노라.(咏)

註解) 무쳣거다=묻혔구나. 柴扉=사립문. ᄎᆞ즈리=찾을 사람. 一片明月=한 조각 밝은 달. 긔=그것이.

『甁歌』 224/『靑珍』 116/『海一』 97/『海周』 99/『詩歌』 126/『靑洪』 129/『靑가』 118/『靑詠』 110/『靑六』 153/『歌譜』 124/『永類』 62/『興比』 62/『東歌』 187/『源國』 174/『源奎』 174/『源河』 158/『源六』 171/『源佛』 171/『源朴』 164/『源皇』 162/『海樂』 168/『源가』 112/『源一』 170/『源東』 169/『協律』 163/『花樂』 168/『時仝』 1457/『時大』 2075

188

나니 언제런지 어제런지 그제런지

月波亭 붉은 ᄃᆞᆯ 아래 뉘 집 술에 醉ᄒᆞ엿던지

眞實로 먹음도 먹어실샤 먹은 집을 몰닉라.(咏)

註解) 나니=감탄사. 어제런지=어제던지. 그제런지=그저께던지. 月波亭=경북 선산에 있는 누정. 붉은=밝은. 먹음도 먹어실샤=먹기도 많이 먹었구나. 몰닉라=모르겠구나.

『甁歌』 468/『靑謠』 64/『樂서』 248/『靑詠』 286/『東歌』 188/『時仝』 456/『時大』 612

189
술은 언지 나고 愁心은 언지 난지
술 나고 後愁心 난지 시름 난 後 술이 난지
아마도 술이 난 後에 愁心 난가 ᄒᆞ노라.(咏)

註解) 언지=언제. 시름=근심. 난지=낳는지.

『甁歌』769/『歌譜』157/『永類』189/『東歌』189/『時全』1734/『時大』2472

190
綠楊春三月을 잡아ᄆᆡ야 두량이면
셴 ᄆᆞ리 ᄲᅡ바니여 춘춘 동혀 두련만은
ᄒᆡ마다 ᄆᆡ든 못 ᄒᆞ고 늙기 설워 ᄒᆞ노라.(老)

註解) 잡아ᄆᆡ야=잡아매어. 두량이면=둘 것이며. 셴 ᄆᆞ리=흰 머리. ᄲᅡ바니여=뽑아내어. 동혀=동여. 매어서. ᄒᆡ마다=해마다. ᄆᆡ든=매지는. 설워=서러워.

『甁歌』337, 金昌翕/『青珍』233, 金三賢/『青가』252, 金三賢/『海周』283, 金三賢/『樂서』144, 金昌翕/『東國』253, ×/『青淵』27, ×/『青六』439, ×/『興比』44, ×/『東歌』190, ×/『源國』373, 金昌翕字肅宗朝折衝朱義植婿/『源奎』372, 金昌翕/『源河』366, ×/『源六』359, 金昌翕字肅宗朝折衝朱義植婿/『源佛』361, 金昌翕肅宗朝折衝朱義植婿/『源朴』361, 金昌翕肅宗朝折衝朱義植婿/『源皇』358, 金昌翕肅宗朝折衝朱義植婿/『海樂』363, 金昌翕肅宗朝折衝朱義植壻/『源가』185, 金昌翕/『源一』363, 金昌翕/『源東』365, 金昌翕字肅宗朝折衝朱義植婿/『協律』358, 金昌翕/『花樂』382, ×/『大東』139, ×/『時全』644/『時大』912

191
世上이 말ᄒᆞ거늘 쩔치고 도라가니
一頃 荒田과 八百 桑株 뿐이로다
生利야 不足다마는 시름 업셔 ᄒᆞ노라.(逑)

註解) 一頃 荒田=한 이랑의 묵은 밭. 八百 桑株=팔백 그루의 뽕나무. 生利야=생계야. 시름=근심.

『瓶歌』599/『青珍』320/『詩歌』459/『青가』339/『青六』333/『永類』24/『東歌』191/『時全』1628/『時大』2310

三數大葉

192
簫聲咽 秦娥夢斷 秦樓月 秦樓月 年年柳色 灞陵傷別
樂遊苑上 淸秋節 咸陽古道 音塵絶이로라
音塵絶 西風殘照 漢家陵闕이로다.(古)

註解) 秦娥=진나라의 아름다운 계집. 音塵節=소식이 끊어짐. 覇陵=陜西省 長安縣 옛 覇上의 땅에 있는 능. 옛 사람이 많이 송별하던 곳임. 樂遊原=섬서성 장안현 남쪽의 땅. 咸陽=秦의 고향. 지금의 섬서성 장안현. 漢家=한조의 제실.

『靑詠』 416, ×/『甁歌』 802, ×/『靑洪』 294, ×/『東國』 288, ×/『靑六』 577, ×/『歌寶』 142, ×/『永類』 323, ×/『興比』 421, ×/『東歌』 192, ×/『源國』 460, ×/『源奎』 459, ×/『源河』 453, ×/『源朴』 445, ×/『源皇』 441, ×/『海樂』 448, ×/『源東』 453, ×/『協律』 443, ×/『花樂』 464, ×/『時全』 1665/『時大』 2376

193
西塞山前白鷗飛ᄒᆞ고 桃花流水鱖魚肥라
靑蒻笠 綠簑衣로 斜風細雨에 不須歸이라
後는 玄眞子ㅣ 업스니 놀이 젹어 ᄒᆞ노라.(述)

註解) 張志和=「和」는 「華」의 잘못. 당나라 때의 문인이며 은사. 업스니=없으니.

『甁歌』 836, ×/ 『海一』 509(630), ×/ 『靑詠』 443, ×/ 『東國』 304, ×/ 『靑六』 925, ×/ 『歌寶』 179, ×/ 『興比』 219, ×/ 『時調』 12, ×/ 『東歌』 193, ×/ 『源國』 752(87), ×/ 『源奎』 751(87), ×/ 『源河』 746, ×/ 『源六』 704(78), ×/ 『源佛』 709(78), ×/ 『源朴』 623(86), ×/ 『源皇』 609(87), ×/ 『海樂』 760(102), ×/ 『協律』 724(82), ×/ 『女謠』 85, ×/ 『南太』 19, ×/ 『詩餘』 15, ×/ 『詩謠』30, ×/ 『大東』 175, 『調詞』 8, / 『時全』 1545/ 『時大』 2207

194
洛東江上 仙舟法ᄒᆞ니 吹笛歌聲이 落遠風이라
客子停驂聞不樂은 蒼梧山色이 暮雲中이라
어즈버 鼎湖龍飛을 못닉 슬허 ᄒᆞ노라.(嘆)

註解) 洛東江=태백산 북쪽에서 발원하여 남해로 드는 강. 仙舟法=선주를 띄움. 吹笛歌聲 落遠風=피리와 노래소니는 먼 바람에 떨어짐. 客子停驂聞不樂은 蒼梧山色이 暮雲中=나그네 멍에 말을 멈추는 소리 반갑지 않고, 창오산 산빛은 저녁 구름에 쌓였구나. 어즈버=감탄사. 鼎湖龍飛=제왕의 죽음을 뜻함. 못닉=못내. 슬허=슬퍼.

『瓶歌』 803, ×/『樂서』 411, ×/『青가』 655, ×/『青詠』 409, ×/『東國』 286, ×/『槿樂』 294, ×/『青淵』 157, ×/『青六』 579, ×/『歌寶』 141, ×/『興比』 105, ×/『東歌』 194, ×/『源國』 459, ×/『源奎』 458, ×/『源河』 452, ×/『源六』 438, ×/『源佛』 440, ×/『源朴』 444, ×/『源皇』 440, ×/『海樂』 447, ×/『源가』 219, ×/『源一』 445, ×/『源東』 452, ×/『協律』 442, ×/『花樂』 463, ×/『大東』 159, ×/『時全』 462/『時大』 650

195

夕陽에 醉興을 겨워 나귀 등에 실녀시니

十里溪山이 夢裡에 지나거다

어듸서 數聲漁笛이 좀든 날을 셔오ᄂᆞ니.(咏)

註解) 겨워=이기지 못하여. 실녀시니=실려 있으니. 十里溪山=십리나 뻗은 계곡과 산. 夢裡=꿈 속. 지나거다=지내었다. 數聲魚笛=몇 줄기 어부들이 부르는 피리 소리. 셔오ᄂᆞ니=깨우는구나.

『瓶歌』 806, ×/『青珍』 422, ×/『海一』 483, ×/『詩歌』 515, ×/『樂서』 396, ×/『青가』 459, ×/『青詠』 422, ×/『東國』 285, ×/『古今』 177, ×/『槿樂』 204, ×/『青六』 570, ×/『歌寶』 137, ×/『永類』 225, ×/『興比』 106, ×/『東歌』 195, ×/『源國』 438, ×/『源奎』 438, ×/『源河』 432, ×/『源六』 418, ×/『源佛』 420, ×/『源朴』 424, ×/『源皇』 421, ×/『海樂』 428, ×/『源가』 211, ×/『源一』 424, ×/『源東』 432, ×/『協律』 422, ×/『花樂』 447, ×/『詩謠』117, ×/『大東』 156, 趙浚字明仲領議政文忠公開國功臣/『시철가』 75, ×/『三家樂府』 ×/『時全』 1565/『時大』 2231

196
어우화 날 소겨고나 秋月春風이 날 소겨고나
節節이 도라오믹 有信이 너겨더니
白髮을 다 날 맛지고 少年 존녀 니거니.(老)

註解) 소겨고나=속였구나. 秋月春風=세월. 도라오믹=돌아오매. 너겨더니=여겼더니. 생각했더니. 맛지고=맡기고. 조ᄎ=마저. 이거다=갔도다.

『甁歌』 811, ×/『靑珍』 404, ×/『海一』 494, ×/『詩歌』 10, ×/『樂서』 392, ×/『靑洪』 290, ×/『靑가』 468, ×/『靑詠』 407, ×/『東國』 71, ×/『古今』 105, ×/『槿樂』 114, ×/『靑淵』 28, ×/『靑六』 293, ×/『歌寶』 39, ×/『永類』 220, ×/『興比』 24, ×/『東歌』 196, ×/『源國』 133, ×/『源奎』 133, ×/『源河』 122, ×/『源六』 125, ×/『源佛』 125, ×/『源朴』 127, ×/『源皇』 125, ×/『海樂』 130, ×/『源一』 131, ×/『源東』 124, ×/『協律』 126, ×/『花樂』 129, ×/『時全』 1926/『時大』 2766

197
우리ᄀᆞ치 소리난 님이 번개ᄀᆞ치 번듯뵈고
비갓치 오락ᄀᆞ락 구름ᄀᆞ치 허여지니
胸中에 ᄇᆞ롬ᄀᆞᄐᆞᆫ 한숨이라서 안ᄀᆡ 픠 듯 ᄒᆞ여라.(別)

註解) 우릐=우뢰. ᄀᆞ치=같은. 번듯뵈고=번뜻 뵙고. 허여지니=헤어지니. 胸中=가슴속에. 안ᄀᆡ 픠 듯=안개가 피어 오르 듯.

『甁歌』 820, ×/『詩歌』 557, ×/『樂서』 401, ×/『靑가』 659, ×/『靑詠』 420, ×/『東國』 294, ×/『靑淵』 141, ×/『靑六』 582, ×/『歌寶』 153, ×/『興比』 384, ×/『時調』 87, ×/『東歌』 197, ×/『源國』 449, ×/『源奎』 449, ×/『源河』 443, ×/『源六』 429, ×/『源佛』 431, ×/『源朴』 435, ×/『源皇』 432, ×/『海樂』 457, ×/『源一』 435, ×/『源東』 443, ×/『協律』 433, ×/『花樂』 457, ×/『南太』 174, ×/『詩餘』 89, ×/『詩謠』131, ×/『時全』 2179/『時大』 3073

198

白馬는 欲去長嘶ᄒᆞ고 青娥惜別牽衣로다

夕陽은 已傾西嶺ᄒᆞ고 去路는 長程短程이로다

平生에 셜은 離別은 百年 三萬 六千日에 오날뿐인가 ᄒᆞ노라.(別)

註解) 欲去長嘶=가려고 길게 욺. 青娥=미인. 惜別牽衣=옷을 잡고 이별을 서운히 여기도다. 已傾西嶺=이미 서쪽 재에 기울었고. 去路는 長程短程이로다=갈 길은 멀고 또 가깝도다. 셜은=서러운. 서글픈.

『瓶歌』826 三數大葉, ×/『青洪』299, ×/『青가』696, ×/『青詠』527, ×/『東國』317, ×/『槿樂』352, ×/『青淵』158, ×/『青六』591, ×/『歌寶』193, ×/『興比』313, ×/『東歌』198, ×/『源國』471, ×/『源奎』470, ×/『源河』466, ×/『源六』448, ×/『源佛』450, ×/『源朴』457, ×/『源皇』452, ×/『海樂』460, ×/『源가』224, ×/『源一』456, ×/『協律』454, ×/『花樂』480, ×/『大東』239, ×/『三家樂府』, ×/『時全』1183/『時大』1696

199

百年를 假使人 人壽ㅣ라도 憂樂이 中分 未百年이라

하믈며 百年이 반듯기 어려왜라

두어라 百年前ᄀ치 놀고 가려 ᄒ노라.(慨)

註解) 百年을 假使人人愁라도=설사 사람이 저마다 백년을 살 수 있다 하더라도. 憂樂中分 未百年=근심과 즐거움이 반반이니 백년이 못됨. 반듯기=기필코.

『甁歌』 808, ×/『靑珍』 435, ×/『詩歌』 517, ×/『樂서』 404, ×/『靑가』 462, ×/『東國』 284, ×/『靑淵』 130, ×/『靑六』 571, ×/『歌寶』 139, ×/『永類』 80, ×/『東歌』 199, ×/『源國』 458, ×/『源奎』 457, ×/『源河』 451, ×/『源六』 434, ×/『源佛』 436, ×/『源朴』 443, ×/『源皇』 439, ×/『海樂』 446, ×/『源가』 218, ×/『源一』 444, ×/『源東』 451, ×/『協律』 441, ×/『花樂』 462, ×/『大東』 161, ×/『海一』 486, ×/『靑詠』 421, ×/『南太』 172, ×/『詩餘』 87, ×/『時全』 1175/『時大』 1680

200

桃花李花杏花芳艸들아 一年春光을 恨치마라

너희는 그리 ᄒᆞ여도 與天地無窮이로다

우리는 百年쁜이니 그를 슬허 ᄒᆞ노라.(慨)

註解) 一年春光=한 해 봄의 풍광. 與天地無窮=천지와 더불어 무궁함. 쁜이미=뿐이니. 슬허=슬퍼.

『瓶歌』 812, ×/『青珍』 436, ×/『海一』 478, ×/『詩歌』 524, ×/『樂서』 414, ×/『青洪』 291, ×/『青가』 496, ×/『青詠』 402, ×/『東國』 66, ×/『古今』 106, ×/『槿樂』 118, ×/『青淵』 150, ×/『青六』 290, ×/『歌寶』 38, ×/『永類』 257, ×/『興比』 22, ×/『源國』 130, ×/『源奎』 130, ×/『源河』 119, ×/『源六』 122, ×/『源佛』 122, ×/『源朴』 124, ×/『源皇』 122, ×/『海樂』 127, ×/『源가』 84, ×/『源一』 128, ×/『源東』 121, ×/『協律』 123, ×/『花樂』 126, ×/『大東』 52, 柳雲字徙龍號恒齋大司憲/『東歌』 200, /『歌謠』 6, ×/『시철가』 50, ×/『時仝』 869/『時大』 1240

201

楚山秦山에 多白雲ᄒᆞ니 白雲處處 長隨君을

長隨君 長隨君 入楚山裏ᄒᆞ다 雲亦隨君 渡湘水ㅣ라

湘水上 女蘿衣 白雲堪臥 君早歸라.(別)

註解) 楚山=중국 호북성 襄陽縣의 서남쪽에 있는 산으로 望楚山이라고도 함. 湘水=우순의 두 妃가 눈물로 물이 말랐다는 강.

『瓶歌』 801/『青六』 676/『青詠』 574/『時仝』 2942/『時大』 4144

202
秋霜에 놀란 기러기 섬써운 소릐 마라
굿득에 님 녀희고 ᄒᆞ물며 客里로다
어듸셔 제 술혀 울이 내 스ᄉᆞ로 슬혜라.(別)

註解) 秋霜=가을에 내린 서리. 섬써운=연약한. 녀희고=이별하고. 客里=객중. 객지에 있는 동안.

『瓶歌』 641, ×/『古今』 253, ×/『槿樂』 279, ×/『永類』 229, ×/『東歌』 202, ×/『樂서』 302, ×/『東國』 193, ×/『青詠』 344, ×/『青六』 444, ×/『歌寶』 344, ×/『大東』 79, 李後白青蓮/『時全』 2969/『時大』 4184

203
萬頃 滄波 欲暮天에 穿魚換酒 柳橋邊이라
客來問我 興亡事여늘 笑指蘆花 月一般이라
술 醉고 江湖에 져시니 節 가는 줄 몰ᄂᆡ라.(咏)

註解) 萬頃蒼波=넓고 넓은 바다. 慾暮天=해는 저물려고 함. 穿魚換酒 柳橋邊=버드나무 늘어선 다릿가에서, 고기 구러미를 술과 바꿈. 客來問我 興亡事=나그네는 내게 와서 흥망사를 물음. 笑指蘆花 月一般=웃으며 갈꽃 달빛 속의 배를 가리킴.

『青詠』 412, ×/『瓶歌』 679, ×/『詩歌』 619, ×/『青가』 667, ×/『東國』 301, ×/『槿樂』 295, ×/『青六』 346, ×/『歌寶』 322, ×/『東歌』 203, ×/『源國』 282, ×/『源奎』 282, ×/『源河』 280, ×/『源六』 264, ×/『源佛』 266, ×/『源朴』 271, ×/『源皇』 268, ×/『海樂』 273, ×/『源가』 148, ×/『源一』 275, ×/『源東』 278, ×/『協律』 271, ×/『花樂』 287, ×/『大東』 249, ×/『樂서』 412, ×/『永類』 332, ×/『興比』 400, ×/『詩謠』 85, ×/『時全』 962/『時大』 1387

204
有馬有金 兼有酒ᄒᆞ니 素非親叔도 强爲親이라
一朝에 馬死黃金盡ᄒᆞ니 親戚도 還爲路上人이라
엇더타 世上 人事는 몰나는 몰나 ᄒᆞ노라.(慨)

註解) 有馬有金 兼有酒ᄒᆞᆯ지 素非親叔 强爲親=말과 돈과 거기에 술마저 있으니, 본시 친척이 아니나 서로가 친해졌음. 一朝에 馬死黃金盡=하루 아침에 말이 죽고 돈도 떨어짐. 還爲路上人=다시 노상에 지나가는 관계없는 사이가 됨.

『甁歌』905/『詩歌』219/『時全』2250/『時大』3166

205
況是青春 日將暮ᄒᆞ니 桃花ㅣ亂發 如紅雨라
勸君終日 酩酊醉ᄒᆞ쟈 酒不到劉伶墳上土ㅣ라
아희야 換美酒 ᄒᆞ여라 與君同醉 ᄒᆞ리라.(慨)

註解) 酩酊=마음껏 취함. 與君長醉=그대와 오래도록 취함.

『甁歌』1028, ×/『詩歌』551, ×/『樂서』408, ×/『青詠』411, ×/『東國』411, ×/『青六』795, ×/『歌寶』220, ×/『東歌』205, ×/『源國』596, ×/『源奎』595, ×/『源河』587, ×/『海樂』581, ×/『源가』278, ×/『源一』565, ×/『協律』576, ×/『花樂』592, ×/『興比』386, ×/『時全』3299/『時大』4686

206

轅門樊將이 氣雄豪ᄒᆞ니 七尺長身에 佩寶刀ㅣ라

大獵陰山 三丈雪ᄒᆞ고 帳中歸飮碧葡萄ㅣ로다

醉고 南蠻을 헤아리니 草介런가 ᄒᆞ여라.(壯)

註解) 轅門=관아의 외문을 가리킴. 樊將=중국 한고조 때의 공심. 氣雄豪=기백이 웅장하고 호탕함. 佩寶刀=보검을 허리에 참. 大獵=사냥한 수확이 많음. 陰山=요동의 밖에 있는 산. 三丈雪=세 길이나 쌓인 눈. 帳中歸飮碧葡萄=장중에 돌아와 푸른 포도주를 마심. 南蠻=四夷의 하나. 중국 남쪽에 있던 족속을 중국 사람이 일컫는 말. 草介=지푸라기. 하잘 것 없는 것.

『瓶歌』 804, ×/『青가』 660, ×/『東國』 299, ×/『青淵』 131, ×/『青六』 575, ×/『歌寶』 241, ×/『興比』 422, ×/『東歌』 206, ×/『源國』 461, ×/『源奎』 460, ×/『源河』 454, ×/『源朴』 446, ×/『源皇』 442, ×/『海樂』 449, ×/『源가』 220, ×/『源一』 446, ×/『源東』 454, ×/『協律』 444, ×/『花樂』 465, ×/『時全』 2214/『時大』 3122

207
白鷗ᄂᆞᆫ 片片大同江上飛오 長松은 落落靑流壁上翠라
大野東頭點點山에 夕陽은 빗겻ᄂᆞᆫ듸 長城北面溶溶水에 一葉漁艇 흘리저어
大醉코 載妓隨波ᄒᆞ여 錦繡綾羅로 任去來를 ᄒᆞ리라.(橫)

註解) 大同江=대동강. 靑流壁=평양 을밀대 근처에 있는 긴 석벽. 載妓隨波=기생을 싣고 물 흐르는 대로 따라감. 錦繡綾羅=평양에 있는 김숙산과 능라도. 任去來=마음대로 오감.

『甁歌』 982/『靑珍』 527/『海一』/『詩歌』 614/『靑洪』 309/『靑가』 551/『靑詠』 504/『古今』 267/『靑六』 816/『歌譜』 236/『永類』 283/『興比』 150/『東歌』 207/『調詞』 46/『源國』 599/『源奎』 589/『源河』 590/『源六』 540/『源佛』 542/『源朴』 472/『源皇』 467/『海樂』 584/『時全』 1170/『時大』 2310

208
李太白의 酒量은 긔 엇더ᄒᆞ여 一日須傾三百杯ᄒᆞ며
杜牧之의 風度ᄂᆞᆫ 긔 엇더ᄒᆞ여 醉過楊州ㅣ橘滿車ㅣ런고
아마도 이 둘의 風采ᄂᆞᆫ 못 밋츨가 ᄒᆞ노라.(豪)

註解) 긔=그것이. 一日須傾三百杯=하루에도 모름지기 술 삼백 잔을 기울임. 부러=부러워.

『甁歌』 879/『靑珍』 470/『南太』 208/『時全』 2373/『時大』 3380

蔓橫

209
天地ᄂᆞᆫ 萬物之逆旅ㅣ오 光陰은 百代之過客이라
人生을 혜아리니 緲滄解之一粟이로라
두어라 浮生이 若夢ᄒᆞ니 아니 놀고 어이리.(慨)

註解) 天地ᄂᆞᆫ 萬物之逆旅=천지의 모든 것은 밤에 맞고 아침에 보내는 여숙과 같이, 나면 죽고 만나면 이별하는 것. 光陰은 百代之過客=세월은 백대에 지나가는 길손 같이 덧없음. 緲滄解之一粟=인간이 세상에 있음은 한 톨의 조가 넓은 바다에 떠 있음과 같다는 말. 若夢浮生=꿈과 같은 덧없는 삶.

『瓶歌』835, ×/『海一』338, ×/『詩歌』480, ×/『樂서』432, ×/『青詠』455, ×/『東國』309, ×/『古今』168, ×/『槿樂』380, ×/『青淵』65, ×/『青六』958, ×/『歌寶』191, ×/『永類』166, ×/『時調』85, ×/『東歌』209, ×/『源國』779(114), ×/『源奎』778(114), ×/『源河』778, ×/『源六』734(108), ×/『源佛』739(108), ×/『源朴』650(113), ×/『源皇』636(114), ×/『海樂』790(132), ×/『源가』381(66), ×/『協律』750(108), ×/『女謠』112, ×/『南太』168, ×/『詩餘』147, ×/『歌謠』7, ×/『詩謠』41, ×/『大東』208, ×/『時全』2791/『時大』3939

210
諸葛亮은 七縱七擒ᄒᆞ고 張翼德은 義釋嚴顔 ᄒᆞ단말가
셤겁다 華容道 좁분 길노 曺孟德이 사ᄅᆞ가단말가
千古에 凜凜 ᄒᆞᆫ 大丈夫는 漢壽亭侯신가 ᄒᆞ노라.(慨)

註解) 七縱七擒=제갈량이 맹호를 일곱 번이나 놓아 주었다고 일곱 번째 잡은 고사. 義釋嚴顔=장비가 사주 태수 엄안을 잡았다가 그의 태연자약함을 보고 놓아주었다는 고사. 셤겁다=싱겁다.

『甁歌』 1035/『靑六』 971/『時全』 2595/『時大』 3631

211
司馬遷의 嗚萬古 文章 王逸少의 掃千人 筆法
劉伶의 嗜酒와 杜牧之 好色은 百年從事ᄒᆞ면 一身兼備ᄒᆞ려니와
아마도 雙全키 어려울슨 大舜 曾參 孝와 龍逢 比干 忠인가 ᄒᆞ노라.(橫)

註解) 司馬遷=前漢의 역사가이며 문장가. 嗚萬古 文章=만고에 떨칠만한 문장으로서 명성이 남. 王逸少=진의 명필가. 掃千人 筆法=천 사람을 물리칠만한 필법. 劉伶=진의 패국인으로 자는 백윤. 百年從事=평생을 한 자기 일을 좇음. 一身兼備=혼자서 다 갖출 수 있음. 雙全=충·효 둘 다 온전하게 함. 어려울슨=어려운 것은. 大舜=순임금은 후모의 학대에도 효성이 극진했다 함. 曾參 孝=증참의 지극한 효성. 龍逢 比干忠=용봉과 비간의 충성심.

『甁歌』 897, ×/『靑珍』 500, ×/『海一』 598, ×/『詩歌』 611, ×/『樂서』 464, ×/『靑가』 546, ×/『靑詠』 501, ×/『東國』 329, ×/『古今』 262, ×/『槿樂』 318, ×/『靑淵』 79, ×/『靑六』 649, ×/『歌寶』 238, ×/『永類』 267, ×/『興比』 139, ×/『時調』 48(123), ×/『東歌』 211, ×/『調詞』 6, ×/『源國』 524, ×/『源奎』 523, ×/『源河』 520, ×/『源六』 502, ×/『源佛』 504, ×/『海樂』 512, ×/『源가』 248, ×/『源一』 504, ×/『協律』 507, ×/『花樂』 533, ×/『南太』 93, ×/『詩餘』 55, ×/『大東』 226, ×/『시쳘가』 73, ×/『時全』 1412/『時大』 2000

212
酒色을 삼가란 말이 녯 사름의 警誡로되
踏靑登高節에 벗님닉 드리고 詩句를 을플 제 滿樽香醪를 아니 醉키 어리오며
旅館에 寒燈을 對ᄒᆞ여 獨不眠ᄒᆯ 제 玉人을 만나셔 아니 자고 어이리.(橫)

註解) 踏靑=들을 거닐음. 당송 이후 중국 민속의 하나로 청명절에 교외를 산책하며 화조를 즐기는 일. 登高節=구월 구일 중양절에 높은 곳에 오르는 민속의 하나. 滿樽香醪=술통에 가득한 향기로운 막걸리.

『甁歌』 1081/『靑珍』 509/『海一』 /『時全』 2637/『時大』 3725

213
大丈夫ㅣ 되야나셔 ᄒᆡ올 일이 바히 업다
글을 ᄒᆞ쟈 ᄒᆞ니 人間識字憂患是오 劍術을 ᄒᆞ쟈 ᄒᆞ니 乃知兵者是凶器로다
출ᄒᆞ로 靑樓酒肆에 오락가락 ᄒᆞ리라.(橫)

註解) ᄒᆞ올 일이=할 일이. 바히=전혀. 人生識字憂患始=사람은 글자를 알면서부터 근심과 환란이 비롯됨. 靑樓酒肆=기생집과 술집.

『靑珍』 473, ×/『甁歌』 881, ×/『海一』 596, ×/『樂서』 460, ×/『靑詠』 467, ×/『東國』 322, ×/『古今』 274, ×/『槿樂』 326, ×/『靑六』 666, ×/『歌寶』 203, ×/『永類』 265, ×/『時調』 102, ×/『東歌』 213, ×/『源國』 517, ×/『源奎』 516, ×/『源河』 513, ×/『源六』 492, ×/『源佛』 494, ×/『海樂』 505, ×/『源가』 245, ×/『源一』 498, ×/『協律』 500, ×/『花樂』 526, ×/『南太』 201, ×/『詩餘』 104, ×/『詩歌』 630, ×/『時全』 831/『時大』 1182

214

自古 男兒의 豪心樂事를 歷歷히 혜여 ᄒᆞ니

漢代金張 甲第車馬와 晉室王謝 風流文物 白香山 八絶吟詠과 郭汾陽 花苑行樂은 다 죠타 니르려니와

아마도 春風十二窩에 小車를 잇쓸고 太和湯 五六甌의 擊壤歌 부르며 任意去來ᄒᆞ여 老事太平은 類업슨가 ᄒᆞ노라.(橫)

註解) 自古=예로부터. 豪心樂事=호매한 마음과 즐거운 일. 혜여ᄒᆞ니=생각하니. 漢代金張=한나라의 김일단과 장안세, 모두 선제를 섬겨 권세와 영화를 누리었음. 甲第車馬=훌륭한 집과 수레. 곧 호화로운 생활. 晉室王謝=두 사람 다 풍류를 즐겼다 함. 白香山=중당의 시인. 백거이. 자는 낙천. 八絶吟詠=팔절은 일 년 가운데 춘추분, 동하지, 하립춘, 입추, 입추동 등 여덟 개의 절후. 니르려니와=말하려니와. 春風十二窩=봄바람이 부는 날. 잇쓸고=이끌고. 太和湯=술의 별칭. 擊壤歌=제요(帝堯)시대의 태평을 구가하던 노래. 任意 去來=마음대로 왔다 갔다 함. 老事太平=늙어서도 태평을 누림. 類업슨가=비길 데가 없는가.

『瓶歌』 910, ×/『樂서』 456, ×/『青가』 622, ×/『青詠』 526, ×/『東國』 327, ×/『青淵』 75, ×/『青六』 663, ×/『歌寶』 230, ×/『興比』 186, ×/『東歌』 214, ×/『源國』 499, ×/『源奎』 498, ×/『源河』 495, ×/『源六』 480, ×/『源佛』 482, ×/『海樂』 488, ×/『源가』 234, ×/『源一』 483, ×/『協律』 482, ×/『花樂』 508, ×/『時全』 2467/『時大』 3490

215

白雪은 千里 萬里 明月은 前溪 後溪

罷釣歸來홀제 낫근 고기 쒜여 들고 斷橋로 건너 杏花 村酒家로 도라드는 져 老翁아

네 興味 언매나 ᄒᆞ뇨 금 못칠가 ᄒᆞ노라.(橫)

註解) 明月은 前溪 後溪=밝은 달빛은 앞 뒤 말할 것도 없이 계곡을 골고루 비침. 罷釣歸來=낚시를 파하고 돌아옴. 斷橋=끊어진다리. 杏花=주가. 언매오=얼마인가. 금 못칠가=값으로 치지 못할까.

『瓶歌』 887/『青珍』 483/『海一』 599/『詩歌』 633/『樂서』 490/『青가』 556/『青詠』 468/『古今』 273/『槿樂』 340/『青六』 644/『永類』 277/『興比』 127/『東歌』 215/『源國』 514/『源奎』 513/『源河』 510/『源六』 489/『源佛』 491/『海樂』 5002/『協律』 497/『花樂』 523/『大東』 223/『時全』 1204/『時大』 1723

216

大丈夫ㅣ 되야 나셔 孔孟 顏曾 못ᄒᆞ 량이면

출ᄒᆞ리 다 썰치고 太公의 兵法의 와니야 말만ᄒᆞᆫ 大將印을 허리 아릭 빗기 ᄎᆞ고 金壇에 놉피 안ᄌᆞ 萬馬千兵을 指揮間에 너허 두고 坐作進退홈이 긔 아니 快홀소냐

ᄒᆞ물며 尋章摘句ᄒᆞᄂᆞᆫ 서근 션비롤 부를 줄리 이시랴.(橫)

註解) 顏曾=공자의 제자. 太公의 兵法=태공망 여상이 지은 병법서. 大將印=대장사가 차는 인장. 아릭=아래. 金壇=주장이 서는 연단. 坐作進退=앉아서 진퇴를 명령함. 尋章摘句=옛 사람의 글귀를 따서 글을 지음. 서근 션비=썩은 선비.

『瓶歌』 940, ×/『樂서』 472, ×/『靑가』 603, ×/『靑詠』 486, ×/『東國』 325, ×/『槿樂』 348, ×/『靑六』 664, ×/『歌寶』 216, ×/『興比』 114, ×/『時調』 105, ×/『東歌』 216, ×/『源國』 515, ×/『源奎』 514, ×/『源河』 511, ×/『源六』 490, ×/『源佛』 492, ×/『海樂』 503, ×/『源가』 243, ×/『源一』 496, ×/『協律』 498, ×/『花樂』 524, ×/『南太』 205, ×/『詩餘』 108, ×/『時全』 830/『時大』 1178

217
술이라 ᄒᆞᄂᆞᆫ 거시 어이 삼긴 거시완ᄃᆡ

一盃一盃 復一盃ᄒᆞ면 恨者洩 憂者樂에 搤腕者蹈舞ᄒᆞ고 呻吟者謳歌ᄒᆞ며 伯倫은 頌德ᄒᆞ고 嗣宗은 澆胸ᄒᆞ고 淵明은 葛巾素琴으로 眄庭柯而怡顔ᄒᆞ며 太白은 接䍦錦袍로 飛羽觴而醉月ᄒᆞ니

아마도 시름 플기ᄂᆞᆫ 술만ᄒᆞᆫ 거시 업세라.(橫)

註解) 삼긴 거시완ᄃᆡ=만들어진 것이길래. 一盃一盃復一盃=한잔 한잔 또 한자. 恨者洩 憂者樂=한이 있는 이는 한을 풀고, 근심이 있는 이는 그 근심을 즐김. 搤腕者 蹈舞=팔을 낀 사람은 춤을 춤. 呻吟者謳歌=신음하는 이는 노래를 부름. 伯倫=도령의 자. 飛羽觴而醉月=비단 도포를 입음. 플기ᄂᆞᆫ=풀기는.

『青六』 656, ×/『瓶歌』 908, ×/『樂서』 456, ×/『青가』 570, ×/『東國』 324, ×/『青淵』 96, ×/『歌寶』 210, ×/『東歌』 217, ×/『源國』 535, ×/『源奎』 534, ×/『源河』 531, ×/『源六』 514, ×/『源佛』 516, ×/『海樂』 523, ×/『源一』 513, ×/『協律』 518, ×/『花樂』 541, ×/『詩餘』 169, ×/『大東』 221, ×/『時全』 1742/『時大』 2479

218

月一片 燈三更인 제 나간 님을 혜여ᄒᆞ니

靑樓酒肆에 싀 님을 거러 두고 不勝蕩情ᄒᆞ야 花間陌上春將晩이오 走馬鬪鷄猶未還이로다

三時出望 無消息ᄒᆞ니 盡日欄頭에 空斷腸이라.(横)

註解) 月一片 燈三更=조각달 등불 희미한 한밤중. 혜야ᄒᆞ니=생각하니. 靑樓酒肆=술 파는 기생집. 거러 두고=맺어두고. 不勝蕩情=방탕한 마음을 이기지 못함. 花間陌上春將晩=길 위에 꽃을 보니 봄은 늦어 가려 함. 走馬鬪鷄猶未還=주마 투계하는 임은 아직 돌아오지 않음. 三時出望 無消息=하루 세 때 나가 바라보아도 소식이 없음. 盡日欄頭에 空斷腸=종일 난간 머리에서 외로이 슬퍼함.

『甁歌』 936, ×/ 『靑謠』 68, 朴文郁, ×/ 『樂서』 477, ×/ 『靑詠』 578, ×/ 『東國』 335, ×/ 『靑淵』 183, ×/ 『靑六』 654, ×/ 『歌寶』 206, ×/ 『興比』 129, ×/ 『東歌』 218, ×/ 『源國』 503(845(180)), ×/ 『源奎』 502(844(180)), ×/ 『源河』 499(842), ×/ 『源六』 479(795(169)), ×/ 『源佛』 481(794(163)), ×/ 『源朴』 717(180), ×/ 『源皇』 704(182), ×/ 『海樂』 492(864(206)), ×/ 『源가』 236(431(116), ×/ 『源一』 487, ×/ 『協律』 486(815(173)), ×/ 『花樂』 512, ×/ 『女謠』 173, ×/ 『南太』 210, ×/ 『詩餘』 113, ×/ 『詩謠』48, ×/ 『大東』 224, ×/ 『時全』 2226/ 『時大』 3138

219

大丈夫 功成身退ᄒᆞ야 林泉에 집을 짓고 萬卷書ᄅᆞᆯ 싸아두고

죵ᄒᆞ야 밧갈니고 보라ᄆᆡ 길드리고 千金駿駒 압히 ᄆᆡ고 金罇에 술을 두고 絶代佳人 겻ᄐᆡ 두고 碧梧桐 거문고에 南風詩 노ᄅᆡᄒᆞ며 太平烟月에 醉ᄒᆞ여 누어시니

男兒의 ᄒᆞ올 일은 이ᄲᅮᆫ인가 ᄒᆞ노라.(横)

註解) 功成身退=공을 이루고 물러나옴. 林泉=수풀과 샘. 죵ᄒᆞ야=종으로 하여금. 보라ᄆᆡ=보라매. 千金駿駒=천금의 값이 나가는 좋은 새끼말. 南風詩=순제가 오현금에 올려 타던 시. 太平烟月=태평한 세월.

『甁歌』 880/『樂서』 473/『青가』 683/『青詠』 478/『槿樂』 354/『青淵』 80/『青六』 646/『東歌』 219/『源國』 516/『源奎』 515/『源河』 512/『源六』 491/『源佛』 493/『海樂』 504/『源一』 497/『協律』 499/『花樂』 525/『大東』 228/『時全』 829/『時大』 1175

220

萬古 歷代 人臣之中에 明哲保身 누고누고

張良은 謝病僻穀ᄒᆞ야 赤松子를 좃ᄎᆞ 놀고 范蠡ᄂᆞᆫ 五湖烟月에 吳王의 亡國愁를 扁舟의에 싯고 나니

아마도 이 두 ᄉᆞ롬의 彼此高下ᄂᆞᆫ 나ᄂᆞᆫ 몰나 ᄒᆞ노라.(槇)

註解) 明哲保身=총명하며 사리에 밝고, 일을 잘 처리하여 몸을 보전함. 張良의 謝病辟穀=장량은 한고조를 도와 천하를 통일하고 유후에 봉해졌으나, 후에 칭병하고 물러나 신선이 되려 하였음. 范蠡의 五湖舟=범여는 구천을 보좌했다가 공을 이룬 뒤에 오호에 물러 나와 보신함. 疏廣의 散千金=한나라 유광의 친척, 고우, 빈객과 더불어 주회하기를 즐기고, 그 재산을 산진했다는 고사. 陶處士의 歸去來辭=도잠이 지었다는 귀거래사. 碌碌=의젓하지 못하고 하잘 것 없음. 貪官汚吏之輩=탐욕이 많고 행실이 깨끗하지 못한 관리들.

『瓶歌』953, 李鼎輔/『青珍』523, ×/『海一』627, ×/『詩歌』615, ×/『樂서』471, ×/『青가』541, ×/『青詠』481, ×/『青六』645, ×/『歌寶』229, ×/『永類』278, ×/『興比』118, ×/『時調』107, ×/『東歌』220, ×/『源國』513, ×/『源奎』512, ×/『源河』508, ×/『源六』499, ×/『源佛』501, ×/『海樂』501, ×/『協律』496, ×/『花樂』521, ×/『南太』207, ×/『詩餘』110, ×/『大東』231, ×/『海一』628, ×/『東國』334, ×/『槿樂』342, ×/『時仝』966/『時大』1392

221

功名을 혜여ᄒᆞ니 榮辱이 半이로다

東門에 掛冠ᄒᆞ고 田盧에 도라와셔 聖經賢傳 헷쳐 노코 닑기를 罷ᄒᆞᆫ 後에 압ᄂᆡ에 살진 고기도 낙고 뒷 뫼헤 엄긴 藥도 ᄏᆡ다가 臨高遠望ᄒᆞ며 任意逍遙ᄒᆞ니 淸風은 時至ᄒᆞ고 明月이 自來ᄒᆞ니 아지 못게라 天壤之間에 이갓치 즐거오믈 무어스로 對ᄒᆞᆯ쇼냐

平生을 이리저리 즐기다가 乘化歸盡ᄒᆞ미 긔 올흔가 ᄒᆞ노라.(横)

註解) 혜여ᄒᆞ니=헤아리니. 東門=동쪽 문. 한나라 동도의 성문. 掛冠=벼슬을 내 놓음. 田廬=농막. 농사짓는데 편리하도록 논밭 근처에 간단히 지은 집. 聖經賢傳=공자 등 성인들의 저서. 살진=살이 찐. 뒷 뫼헤=뒤 산에. 엄긴=싹이 길게 자란. 臨高遠望=높은 곳에 올라 멀리 바라봄. 任意逍遙=마음 내키는 대로 거닐음. 時至ᄒᆞ고=때마침 불어오고. 아지 못게라=알지 못하겠구나. 天壤之間=하늘과 땅 사이. 乘化歸盡=자연에 몸을 맡기고 명수를 기다림. 올흔가=좋을가.

『靑六』667, ×/『瓶歌』909, ×/『樂서』487, ×/『靑가』629, ×/『東國』371, ×/『槿樂』353, ×/『靑淵』71, ×/『東歌』221, ×/『源國』489, ×/『源奎』488, ×/『源河』485, ×/『源六』466, ×/『源佛』468, ×/『海樂』478, ×/『源一』473, ×/『協律』472, ×/『花樂』488, ×/『大東』225 ×/『時全』244/『時大』351

222
男兒의 少年行樂 ᄒᆡ올 일이 ᄒᆞ도ᄒᆞ다

글 닑기 劍術ᄒᆞ기 활ᄡᅩ기 ᄆᆞᆯ 달니기 벼슬ᄒᆞ기 벗 ᄉᆞ고기 술 먹기 妾ᄒᆞ기와 花朝月夕 노리ᄒᆞ기 우로다 豪氣로다

늙게야 江山에 믈너 와셔 밧 갈기 논 ᄆᆡ기와 나모ᄒᆞ기 고기 낙기 거문고 타기 바독 두기 仁山智水遨遊ᄒᆞ기 百年安樂ᄒᆞ여 四時風景이 어ᄂᆡ 그지 이시리.(豪)

註解) 글 닑기=글 읽기. 활ᄡᅩ기=활쏘기. ᄆᆞᆯ 달니기=말달리기. 벗 ᄉᆞ고기=벗 사귀기. 妾ᄒᆞ기=첩을 두는 일. 花朝月夕=꽃피는 아침과 달뜨는 저녁, 곧 경치가 좋은 때. 우로다=오로지 다, 모두다. 믈너 와셔=물러 와서. 仁山智水遨遊=산과 물에서 노는 일.

『青珍』566, ×/『瓶歌』1088, ×/『詩歌』668, ×/『青가』636, ×/『東國』368, ×/『青淵』92, 南溟/『青六』869, ×/『永類』296, ×/『興比』187, ×/『東歌』222, ×/『源國』650, ×/『源奎』649, ×/『源河』641, ×/『源六』614, ×/『源佛』616, ×/『源朴』522, ×/『源皇』515, ×/『海樂』635, ×/『源一』618, ×/『協律』629, ×/『花樂』644, ×/『時全』519/『時大』723

223
山靜ᄒᆞ니 似太古ㅣ오 日長ᄒᆞ니 如少年이라

蒼蘚은 盈堦ᄒᆞ고 落花ㅣ滿庭ᄒᆞᆫᄃᆡ 午睡ㅣ初足커ᄂᆞᆯ 讀周易國風左氏傳離騷太史公書陶杜詩와 韓蘇文 數篇ᄒᆞ고 興到則出步溪邊ᄒᆞ야 邂逅園翁溪友ᄒᆞ야 問桑麻設杭稻 相與劇談半晌타가 歸而倚杖柴門下ㅣ러니

이윽고 夕陽이 在山헌ᄃᆡ 紫綠萬狀이라 變幻頃刻에 恍可人目이라 牛背笛聲이 兩兩歸來 홀졔 月印前溪矣러라.(横)

註解) 蒼蘚=푸른 이끼. 國風=시경의 편명. 離騷=초의 굴원이 지은 작품명. 陶杜詩=도잠과 두보의 시. 韓蘇文=당의 한유와 송의 소식의 문장.

『瓶歌』 950/『詩歌』 673/『靑詠』 579/『靑六』 647/『歌譜』 198/『興比』 409/『東歌』 223/『源國』 488/『源奎』 487/『源河』 484/『源六』 465/『源佛』 467/『海樂』 477/『源一』 472/『協律』 471/『花樂』 497/『時全』 1446/『時大』 2055

224

아마도 豪放훈슨 靑年居士 李謫仙이라

玉皇香案前에 黃庭經 一字 誤讀훈 罪로 謫下 人間ᄒᆞ야 酒肆에 藏名ᄒᆞ고 採石에 弄月ᄒᆞ다가 긴고릐 타고 飛上天ᄒᆞ니

至今에 江南風月이 闕多年인가 ᄒᆞ노라.(横)

註解) 豪放=기개가 장하여 작은 일에 거리끼지 않는 기상. 李謫仙=盛唐의 시인. 玉皇=옥황상제. 香案=향로나 향합을 올려 놓는 상. 謫下 人間=인간 세상으로 쫓겨 내려옴. 藏名酒肆=술을 즐긴다는 뜻.

『靑詠』 484, ×/『甁歌』 852, ×/『樂서』 488, ×/『靑가』 577, ×/『東國』 345, ×/『靑淵』 99, ×/『靑六』 650, ×/『時調』 114, ×/『東歌』 224, ×/『源國』 531, ×/『源奎』 530, ×/『源河』 527, ×/『源六』 509, ×/『源佛』 511, ×/『海樂』 519, ×/『源가』 251, ×/『源一』 509, ×/『協律』 514, ×/『花樂』 337, ×/『南太』 219, ×/『詩餘』 154, ×/『時全』 1813/『時大』 2589

225

南薰殿 舜帝琴을 夏殷周에 傳ᄒᆞ오셔

秦漢唐雜覇干戈와 宋齊梁 風雨乾坤에 王風이 委地ᄒᆞ여 正聲이 긋쳐더니

東方에 聖人이 나 겨시니 彈五絃 歌南風을 니어볼가 ᄒᆞ노라.(橫)

註解) 南薰殿 舜帝琴=순임금이 타던 오현금. 夏殷周=상대의 세 왕조. 秦漢唐=춘추전국시대의 진, 한, 당나라. 雜伯干戈=여러 폐왕들의 싸움. 宋齊梁=송, 제, 양의 세 나라. 風雨乾坤=싸움으로 어지러운 세상. 王風이 委地ᄒᆞ여=왕덕이 땅에 떨어져서. 正聲=낙의 바른 소리. 東方=우리나라. 나겨시니=나 계시니. 彈五絃 歌南風=순제가 오현금을 타면서 남풍시를 부름. 니어볼가=이어볼까.

『青珍』 510, ×/『瓶歌』 916, ×/『海一』 634, ×/『詩歌』 580, ×/『樂서』 486, ×/『青가』 589, ×/『青詠』 491, ×/『東國』 365, ×/『青淵』 77, ×/『青六』 658, ×/『歌寶』 200, ×/『永類』 274, ×/『東歌』 225, ×/『源國』 522, ×/『源奎』 521, ×/『源河』 518, ×/『源六』 498, ×/『源佛』 500, ×/『海樂』 511, ×/『源가』 246, ×/『源一』 502, ×/『協律』 505, ×/『花樂』 531, ×/『大東』 282, ×/『時仝』 549/『時大』 761

226

寒碧堂 瀟洒ᄒᆞᆫ 景을 비긴 後에 올라 보니

百尺 元龍과 一川 花月이라 佳人은 滿座ᄒᆞ고 衆樂이 喧空ᄒᆞᆫ듸 浩蕩ᄒᆞᆫ 風烟이오 浪籍ᄒᆞᆫ 盃盤이로다

아희야 盞 가득 부어라 大醉高歌遠ᄒᆞ야 遠客愁懷을 쓰셔 볼가 ᄒᆞ노라.(橫)

註解) 瀟洒景=맑고 깨끗한 풍경. 百尺 元龍=드높은 다락의 이름. 一川 花月=한 시내의 꽃과 달. 象樂=옛 周代의 歌舞. 喧空=하늘에 울려 요란함. 浩蕩ᄒᆞᆫ 風煙=넓은 풍경. 狼薄ᄒᆞᆫ 杯盤=어지럽게 흩어진 술잔과 술상. 遠客愁懷=멀리 떠나온 나그네의 수심. 쓰셔=씻어.

『瓶歌』 920, ×/『靑珍』 528, ×/『詩歌』 646, ×/『樂서』 478, ×/『東國』 340, ×/『靑淵』 88, ×/『靑六』 669, ×/『歌寶』 202, ×/『永類』 304, ×/『興比』 188, ×/『東歌』 226, ×/『源國』 528, ×/『源奎』 527, ×/『源河』 524, ×/『源六』 506, ×/『源佛』 508, ×/『海樂』 516, ×/『源一』 506, ×/『協律』 511, ×/『靑가』 536, ×/『時全』 3170/『時大』 4510

227

泰山이 不讓土壤 故로 大ᄒᆞ고 河海 不擇細流 故深ᄒᆞᄂᆞ니

萬古天下 英雄豪傑 健安八字 竹林七賢 蘇東坡 李謫仙 ᄀᆞ튼 詩酒風流와 絶代豪士를 어듸가 이로다 ᄉᆞ괴리오

鷰雀도 鴻鵠의 무리라 旅遊狂客이 洛陽才子 모도신 곳의 末地에 參禮ᄒᆞ여 놀고 갈가 ᄒᆞ노라.(横)

註解) 泰山이 不讓土壤 故로 大ᄒᆞ고 河海 不擇細流=큰 산은 흙을 사양하지 않고, 넓은 바다는 작은 물줄기를 가리지 않음. 둘 다 만물을 포용하는 넓은 도량을 이르는 말임. 建安八字=후한 영음(潁陰) 사람 순숙의 유덕하던 여덟 아들. 竹林七賢=진나라초기에 노, 장을 숭상하여 죽임에 모여 청담을 일삼던 일곱 선비, 곧 산도, 왕융, 유영, 완적, 완암, 혜강, 향수 등임. 詩酒風流=시를 잘하고 술을 즐기는 풍류객. 絶代豪士=아주 뛰어나고 호방한 선비. 鷰雀도 鴻鵠의 무리=제비나 참새도 비록 몸은 작으나, 몸이 큰 기러기와 고니와 같은 비조에 속한다는 말로, 곧 연작은 소인, 홍학은 대인에 비유한 말임. 旅遊狂客=각처로 떠돌아다니는 미친 나그네. 모도신=모이신.

『瓶歌』 930, ×/『青珍』 561, ×/『詩歌』 647, ×/『樂서』 492, ×/『青가』 630, ×/『青詠』 585, ×/『東國』 350, ×/『槿樂』 385, ×/『青淵』 97, ×/『青六』 607, ×/『歌寶』 235, ×/『興比』 135, ×/『東歌』 227, ×/『源國』 473, ×/『源奎』 472, ×/『源河』 468, ×/『源六』 450, ×/『源佛』 452, ×/『源朴』 459, ×/『源皇』 454, ×/『海樂』 462, ×/『源一』 458, ×/『協律』 456, ×/『花樂』 482, ×/『大東』 241, ×/『時全』 3066/『時大』 4337

228
二十四橋月明 ᄒᆞᆫ듸 佳節은 月正上元니라
億兆ᄂᆞᆫ 攔街歎動ᄒᆞ고 貴遊도 携笻步躁이로다
四時에 觀燈賞花 歲時伏臘 도트러 萬姓同樂 ᄒᆞᆷ이 오날인가 ᄒᆞ노라.(橫)

註解) 二十四橋=중국 강소성 강도현의 서문 밖에 있는 명승. 月正上元=음력 정월 보름. 億兆=많은 백성. 攔街歎同=길거리에 몰려나와 함께 즐거워함. 貴遊=귀족의 자제. 携笻步屧=대지팡이를 짚고 자박자박 걸음. 觀燈賞花=관등놀이와 꽃놀이. 음력 4월 초파일에 등에 불을 켜고 석가탄신을 기념하는 일. 상화는 꽃을 구경함. 歲時伏臘=새해. 도트러=통틀어. 萬姓同樂=온 백성들이 함께 즐김.

『甁歌』 957, ×/『靑六』 660, ×/『海一』 602, ×/『東國』 323, ×/『靑淵』 64, ×/『靑六』 660, ×/『歌寶』 209, ×/『興比』 427, ×/『東歌』 228, ×/『源國』 465, ×/『源奎』 464, ×/『源河』 460, ×/『源六』 442, ×/『源佛』 444, ×/『源朴』 451, ×/『源皇』 446, ×/『海樂』 454, ×/『源一』 450, ×/『協律』 448, ×/『花樂』 474, ×/『時仝』 2358/『時大』 3320

229

大雪이 滿山커늘 黑貂裘를 썰쳐 닙고 白羽長箭 허리애 씌고 千斤角弓 풀에 걸고 鐵驄馬를 빗기 모라 潤壑으로 도러 가니

크나큰 흔 쏫기 쒸여 닉 듯 거늘 輒拔矢引滿射殪 ᄒᆞ야 칼을 쌔혀 다혀 노코 長串 딕 쩨여 구어닉니 膏血이 點滴거늘 踞胡床 切而啖之倨ᄒᆞ고 大銀椀에 ᄀᆞ득 부어 飮之 熏然仰看ᄒᆞ니 壑雲이 翩翩如錦ᄒᆞ야 醉ᄒᆞᆫ ᄂᆞᆺ치 飄撲ᄒᆞᆯ 지 此中之味ᄅᆞᆯ 제 뉘 알니

아마도 男兒의 奇壯事ᄂᆞᆫ 이 쁜인가 ᄒᆞ노라.(横)

註解) 大雪=큰 눈. 黑貂裘=검은 돈피로 만든 갖옷. 白羽長箭=흰 깃이 달린 긴 화살. 千斤角弓=천근이나 되는 각궁. 각궁은 쇠뿔, 양뿔 같은 것으로 꾸민 활. 鐵驄馬=철청총이. 푸른 털에 흰 털이 조금 섞인 말. 潤壑=산골짜기. 踞胡床 切而啖之=호상에 걸터 앉아 썰어서 먹음. 大銀椀=큰 은바리. 飮之熏然仰看=술을 마시며 느긋하게 올려다 봄. 壑雲=산골짜기의 구름. 翩翩如錦=한 조각 한 조각이 모두 수놓은 비단과 같음. 飄撲=부딪쳐 떨어짐.

『瓶歌』959/『海一』560/『靑六』709/『東歌』229/『時全』821/『時大』1163

230

鎭國名山 萬丈峰이 靑天削出金芙蓉이라

巨壁은 屹立ᄒᆞ여 北祖三角이오 奇岩은 斗起ᄒᆞ여 南案蠶頭ㅣ로다 左龍은 駱山右虎 仁王瑞色은 盤空ᄒᆞ여 象闕에 어릐엿고 淑氣는 鍾英하여 人傑을 비저내니 美哉라 我東山河之固여 聖代衣冠 太平文物이 萬萬歲之金湯이로다

年豊코 國泰民安ᄒᆞ듸 九秋楓菊에 麟遊를 보려ᄒᆞ고 面岳登臨ᄒᆞ여 醉飽盤桓ᄒᆞ오며 感激君恩 ᄒᆞ어이다.(横)

註解) 鎭國名山 萬丈峰=나라를 진정할만한 높은 봉우리. 靑天削出金芙蓉=하늘 높이 우뚝 솟아 올라 있는 것이, 마치 금빛의 연꽃 봉우리와 같다. 巨壁은 屹立=거대한 석벽은 우뚝 솟아 있음. 北祖三角=뒷쪽엔 삼각산, 조는 풍수지리설에서 뒷산을 의미함. 南案蠶頭=앞쪽엔 남산, 안은 앞산의 뜻. 左龍은 駱山=왼쪽엔 낙산, 서울의 동쪽에 있는 산. 右虎 仁王=오른쪽에 인왕산. 瑞色은 盤空=상서로운 빛이 하늘에 둘림. 淑氣는 鍾英=맑은 기운이 모임. 美哉=아름답도다. 我東山河之固=우리나라의 산하가 자연의 요새가 되어 있음. 聖代衣冠=태평성대의 문화와 예의 바른 풍속. 金湯=성지의 견고함을 이르는 말. 麟遊=기린은 상서로운 짐승으로 성대에 나타나 논다함. 面岳登臨=앞산에 오름. 醉飽盤桓=취하고 배불러 두루 돌아다님. 참고 작가가 김춘택 청연으로 표기되어 있는 경우도 있음.

『甁歌』 1074/ 『靑珍』 578/ 『海一』 / 『時全』 2689/ 『時大』 3798

樂時調

231
洛陽 三月 方春和時에 草木群生이 皆樂이라

冠者五六人과 童子六七 거ᄂᆞ리고 文殊中興으로 白雪峰登臨ᄒᆞ니 天文이 咫尺이라 拱北三角은 鎭國無疆이오 丈夫의 胸襟에 雲夢을 솜겻ᄂᆞᆫ 듯 九天銀瀑에 塵纓을 씨슨 後에 踏歌行休ᄒᆞ여 太學으로 다라오니

沂水에 曾點의 詠歸高風 밋쳐 본 듯 ᄒᆞ여라.(蔓橫)

註解) 洛陽城裏 方春和時에 草木群生이 皆樂=낙양성 안에 바야흐로 봄이 무르익어 갈 때에, 초목과 모든 생물들이 스스로 즐겨 하는 구나. 冠者五六人과 童子六七=관자는 어른, 동자는 아이. 공자가 제자들에게 뜻을 물었을 때 회점이 대답한 말 중에서 나오는 말. 文殊中興=둘 다 삼각산에 있는 절. 天文이 咫尺=하늘의 일월성진이 아주 가까움. 拱北三角=북으로 삼각산을 둘러쌈. 鎭國無疆=나라를 다스림이 끝이 없음. 雲夢=연못의 이름. 九天銀瀑=아득히 하늘에 걸려 있는 은하수. 塵纓=때 묻은 갓 끈. 踏歌行休=땅을 구르며 노래하며 걷기도 하고 쉬기도 함. 太學=조선조 성균관의 별칭. 曾點=증자의 아버지. 詠歸高風=증철이 관자와 동자들과 함께 노래를 부르며 돌아오고 싶다고 한 말.

『瓶歌』1072/『青珍』570/『海一』/『詩歌』664/『青가』639/『青六』867/『歌譜』307/『永類』301/『興比』182/『東歌』231/『時全』472/『時大』662

雜歌

232

恨唱ᄒᆞ니 歌聲咽이요 愁翻ᄒᆞ니 舞袖遲라

歌聲咽 舞袖遲는 님 그린 타시로다

西陵에 日欲暮ᄒᆞ니 애 긋는 듯ᄒᆞ여라.(横)

註解) 恨唱ᄒᆞ니 歌聲咽=슬프게 노래하니 노랫소리가 목이 멤. 愁翻ᄒᆞ니 舞袖遲=수심이 번득이니 춤추는 옷소매가 느리구나. 西陵에 日欲暮=서쪽 무덤엔 해가 지려 함. 애 긋는 듯=애 끊는 듯.

『瓶歌』684/『青詠』454/『青六』945/『歌譜』366/『興比』250/『時調』60/『東歌』232/『時全』3197/『時大』4539

將進酒

鄭松江

233

ᄒᆞᆫ 盞 먹새 그려 또 ᄒᆞᆫ 盞 먹새 그려 곳것거 算노코 無盡無盡 먹새그려

이몸이 죽은 後에 지게 우희 거적 더퍼 주리혀 ᄆᆡ여가나 流蘇寶帳에 萬人이 우러네나 어옥새 속새 덥가나무 白楊 수페 가기곳 가면 누른 ᄒᆡ 흰 ᄃᆞᆯ 가는 비굴근 눈 쇼쇼리 ᄇᆞ람 불 제 뉘 ᄒᆞᆫ 盞 먹쟈ᄒᆞᆯ고

ᄒᆞ믈며 무덤 우희 ᄌᆞᆫ나비 ᄑᆞ람불제 뉘우ᄎᆞᆫ들 엇디리.

註解) 먹새 그려=먹읍시다 그려. 곳것거=꽃을 꺾어. 算노코=꽃잎으로 셈을 하고. 寶帳=화려한 휘장. 우러네나=울면서 가거나. 어옥새=억새. 덥가나무=떡갈나무. 가기곳=가기만. 누른 ᄒᆡ=황일. 쇼쇼리 ᄇᆞ람=회오리바람. 슬픔을 자아내는 바람. ᄌᆞᆫ나비=원숭이.

『靑珍』 463/ 『松星』 80/ 『松李』 52/ 『時全』 3199/ 『時大』 4509

234

술이 醉케 먹고 오다가 空山에 지니

뉘 날을 씨오리 天地卽衿枕이로다

東風이 細雨를 모라다가 잠든 날을 씨와라.(咏)

註解) 뉘=누가. 씨오리=깨우겠는가. 天地卽衿枕=하늘과 땅이 곧 이불과 베개임. 細雨=가랑비. 모라다가=몰아다가. 씨와라=깨워라.

『甁歌』 596, ×/『青珍』 371, ×/『詩歌』 403, ×/『樂서』 289, ×/『青洪』 31, 趙浚字明仲號松堂太祖朝相/『青가』 397, ×/『青詠』 32, 松堂趙浚字明中平壤人前朝判三司太祖朝拜相/『東國』 99, ×/『青六』 31, ×/『歌寶』 98, ×/『永類』 174, ×/『興比』 46, ×/『東歌』 234, 鄭松江/『源國』 333, 趙浚字明仲號松堂太祖朝相/『源奎』 333, 趙浚字明仲號松堂太祖朝相/『源河』 327, 趙浚字明仲號松堂太祖朝相/『源六』 311, 趙浚字明仲號松堂太祖朝相/『源佛』 313, 趙浚字明仲號松堂太祖朝相/『源朴』 320, 趙浚子明仲 號松堂/『源皇』 317, 趙浚字明仲號松堂太祖朝相/『海樂』 322, 趙浚字明仲號松堂太祖朝相/『源가』 169, ×/『源一』 324, 趙浚 太祖時相/『源東』 326, 趙浚字明仲號松堂太祖朝相/『協律』 320, 趙浚號松堂太祖朝相/『花樂』 340, 趙浚/『青淵』 189, ×/『時全』 1741/『時大』 2478

235
空山落木 雨蕭蕭ᄒᆞ니 相國風流 此寂寥
슬프다 ᄒᆞᆫ 盞 술을 다시 勸키 어려왜라
어즈버 昔年歌曲이 卽今朝ᄂᆞᆫ ᄒᆞ노라.

註解) 空山落木 雨蕭蕭ᄒᆞ니 相國風流 此寂寥라=빈 산엔 나뭇잎 지고 구즌 비 스산한데, 옛 정승의 풍류가 이제는 적막하구나. 어려왜라=어렵구나. 昔年歌曲이 卽今朝ᄂᆞᆫ=옛 노래의 곡조가 오늘처럼 새로움.

『海一』452/『詩歌』404/『古今』96/『槿樂』300/『靑六』999/『永類』335/『興比』393/『東歌』235/『源國』671/『源奎』670/『源河』663/『源六』632/『源佛』637/『源朴』545/『源皇』528/『海樂』664/『源가』320/『協律』648/『女謠』6/『歌謠』27/『詩謠』82/『大東』310/『時全』260/『時大』367